U0540409

本书撰稿人

薛长礼　王一鹤　贾雅睿　李海旭　刘思瑶

全民消防
法律知识问答

以案普法版

薛长礼 等 ◎著

中国法治出版社
CHINA LEGAL PUBLISHING HOUSE

序 言

守护生命之光　共筑平安家园

人类对火的使用，照亮了文明前行的道路；但失控的火焰，也曾无数次吞噬生命与家园。火灾，这一古老而残酷的灾害，至今仍是威胁现代社会发展的重要灾害。据国家消防救援局公布的数据，2024年，全国消防救援队伍共接报火灾90.8万起，死亡2001人，受伤2665人，直接财产损失77.4亿元。[①] 数字的背后，是破碎的家庭、损毁的财产与沉重的社会代价。这些火灾事故中，特别值得注意的是建构筑物火灾和电气故障、用火不慎火灾。2024年全国建构筑物火灾39.1万起，占火灾总数的43.1%，其中居住场所火灾30.9万起，占比79%；人员密集场所火灾3.6万起，占比9.2%；厂库房火灾2.3万起，占比5.9%。全国电气故障、用火不慎火灾占一半以上。其中电气故障引发29.3万起，占比32.3%，生活用火不慎引发19.8万起，

[①] 《全年接报90.8万起 消防部门盘点2024全国火灾五个特点》，载国家消防救援局网站，https://www.119.gov.cn/site1/qmxfxw/mtbd/wzbd/2025/48022.shtml，最后访问时间：2025年3月11日。

占比21.8%。① 这些火灾绝大部分本可通过事前预防避免——这让我们深刻意识到：消防安全绝非抽象概念，而是需要每个公民、每个组织以法治思维守护的生命、财产防线。

消防法作为我国消防安全领域的基本法，于1998年4月29日由第九届全国人民代表大会常务委员会第二次会议通过，自1998年9月1日起施行。此后，历经2008年修订，2019年、2021年两次修正，现行消防法共74条，分为总则、火灾预防、消防组织、灭火救援、监督检查、法律责任、附则7章，自2009年5月1日起施行。结合消防法的实施和经济社会发展的需要，国务院办公厅颁布了《消防安全责任制实施办法》（2017年），公安部先后颁布了《公共娱乐场所消防安全管理规定》（1999年）、《机关、团体、企业、事业单位消防安全管理规定》（2001年）、《社会消防安全教育培训规定》（2009年）、《高等学校消防安全管理规定》（2009年）、《消防产品监督管理规定》（2012年）、《注册消防工程师管理规定》（2017年）等一系列部门规章，应急管理部颁布了《消防技术服务机构从业条件》（2019年）、《社会消防技术服务管理规定》（2021年）、《高层民用建筑消防安全管理规定》（2021年）、《应急管理行政执法人员依法履职管理规定》（2022年）等一系列部门规章及文件，教育部颁布了《高等学校实验室消防安全管理规范》（2023年），国家消防救援局颁布了《租赁厂房和仓库消防安全管理办

---

① 《全年接报90.8万起 消防部门盘点2024全国火灾五个特点》，载国家消防救援局网站，https://www.119.gov.cn/site1/qmxfxw/mtbd/wzbd/2025/48022.shtml，最后访问时间：2025年3月11日。

法（试行）》(2023年)，民政部、国家消防救援局颁布了《养老机构消防安全管理规定》(2023年)等规范性文件。消防法和安全生产法等消防法律规范、消防部门规章和地方性消防立法始终秉持"预防为主、防消结合"的方针，构建起政府统一领导、部门依法监管、单位全面负责、公民积极参与的现代化消防治理体系。消防法既是约束行为的制度红线，更是守护生命的法治铠甲。它明确界定政府应当建立的应急救援体系、单位必须履行的消防安全主体责任、公民应当掌握的基本消防技能，将消防安全责任转化为可操作、可追责的制度规范，是贯彻新发展理念和总体国家安全观，加强社会化消防工作，推动消防安全治理模式向事前预防转型，有效防范化解消防安全风险的基本遵循，是推进全面依法治国、促进消防行政执法和消防事业发展沿着法治轨道良性运行的具体体现。

作为普法图书，《全民消防法律知识问答：以案普法版》旨在将消防法丰富的法律规范转化为生动易懂的法治指南。本书根据消防法规定，结合应急管理部、国家消防救援局的部门规章和规范性文件，聚焦高层建筑逃生通道堵塞、公共场所消防设施缺失、社区电动自行车违规充电等高频隐患场景，特别设计近百个典型问题，每个问题分为"情景再现""依法解答""法律依据""消防安全提示"四个部分。"情景再现"选取日常生活中发生的"身边案例"，让读者切实感受到消防安全近在咫尺，"依法解答""法律依据""消防安全提示"帮助读者建立"安全自查、隐患自除、责任自负"的法治自觉。全书不仅系统阐释消防法重点法条的条文要义、法律适用知识，更聚焦问题，剖析隐患成因，揭示"小疏忽可能酿成大灾难"的客观规律。

全民普法不是简单的知识灌输，而是法治信仰的培育过程。当我们了解到未依法配备消防器材的商铺将面临罚款，物业公司因疏于管理消防通道可能被追究法律责任，公民因谎报火警可能被治安拘留等鲜活的案例时，社会的安全认知也正在被重塑。法律惩戒从来不是目的，它更像一记警钟，时刻提醒我们：爱护消防设施就是守护生命通道，参加消防演练就是投资安全保障，举报火灾隐患就是践行公民责任。

党的二十大报告明确提出推动公共安全治理模式向事前预防转型①，防范化解各类风险是平安中国建设的一项重要任务。②这要求我们每个人既要做消防法治的遵守者，更要成为安全文化的传播者。期待通过本书的学习，能让我们增强消防法治意识，践行消防安全理念，养成日常生活中的各种防火习惯，最终在全社会构筑起坚不可摧的"人民防线"，实现消防工作社会化，提高消防安全治理水平。

让我们以法为盾，以知为甲，共同守护万家灯火。因为每

---

① 习近平：《高举中国特色社会主义伟大旗帜 为全面建设社会主义现代化国家而团结奋斗——在中国共产党第二十次全国代表大会上的报告》，载中国政府网，https://www.gov.cn/xinwen/2022-10/25/content_5721685.htm，最后访问时间：2025年3月11日。

② 《习近平在中共中央政治局第十九次集体学习时强调：坚定不移贯彻总体国家安全观 把平安中国建设推向更高水平》，载中国政府网，https://www.gov.cn/yaowen/liebiao/202503/content_7009240.htm，最后访问时间：2025年3月11日。

序　言

消除一处隐患，就可能避免一场悲剧；每普及一条法律，就能点亮一盏平安的明灯。这本小册子，愿成为您参与消防安全治理的法治指南，让我们携手前行，为建设更高水平的平安中国贡献力量。

薛长礼

2025 年 5 月

目录

第一章　消防安全义务 / 001

1. 在应急管理部门之外,其他单位是否也有权对消防工作进行监督管理?/ 003
2. 看到火灾是否应该报告火警?/ 005
3. 企业是否有义务对本单位人员进行消防宣传教育?/ 008

第二章　火灾预防 / 011

4. 消防安全布局是否需要纳入城乡规划,如果消防安全布局不合理,应该怎么解决?/ 013
5. 公共消防设施不适应实际需要的,应该怎么做?/ 014
6. 建设工程的消防设计、施工质量的责任主体都有哪些?/ 016
7. 对国务院住房和城乡建设主管部门规定的特殊建设工程,消防设计文件的审查主体是谁,谁对审查结果负责?/ 019

8. 特殊建设工程未经消防设计审查或者审查不合格的，建设单位、施工单位能否先行施工？/ 021

9. 建设单位未提供满足施工所需消防设计图纸及技术资料的，有关部门能否发放施工许可证或者批准开工报告？/ 024

10. 是否所有的建设工程竣工都需要消防验收？/ 026

11. 消防抽查不合格的建设工程能否边整改边使用？/ 029

12. 公众聚集场所投入使用、营业前的消防安全检查实行告知承诺管理，是否意味着不再进行消防安全检查？/ 031

13. 公众聚集场所未经消防救援机构许可，是否可以投入使用？/ 034

14. 机关、团体、企业、事业单位的消防安全职责都有哪些？/ 037

15. 消防安全重点单位如何确定与管理？/ 039

16. 小区里的共用消防设施由谁维护管理？/ 042

17. 居民能否在住宅小区自己家中经营小规模烟花？/ 045

18. 举办大型群众性活动时如何做好消防安全防护？/ 048

19. 从事电焊、气焊工作是否需要持证上岗？/ 051

20. 储存易燃易爆气体和液体的充装站、供应站、调压站，应当设置在什么位置？/ 054

21. 能否携带易燃易爆危险品进入公共场所或者乘坐公共交通工具？/ 056

22. 新研制的尚未制定国家标准、行业标准的消防产品，需要满足什么条件才可以生产、销售、使用？／058

23. 对人员密集场所的室内装修、装饰，有什么消防要求？／061

24. 个人能否随意安装电器产品、燃气用具？／064

25. 消防设施、器材能否挪用、擅自拆除、停用？／066

26. 能否因美观问题遮挡消火栓？／068

27. 能否占用疏散通道、安全出口、消防车通道？／070

28. 有关单位在修建道路以及停电、停水、截断通信线路时有可能影响消防队灭火救援的，应如何处理？／072

29. 在农业收获季节、森林和草原防火期间、重大节假日期间以及火灾多发季节，地方政府应尽到什么消防义务？／073

30. 村民委员会、居民委员会有什么消防义务？／075

31. 火灾公众责任保险是强制保险吗？／076

32. 法律对消防设施维护保养检测、消防安全评估等消防技术服务机构及执业人员有什么基本要求？／078

第三章　消防组织／083

33. 哪些单位应该建立单位专职消防队？／085

34. 专职消防队的建立是否需要验收？／086

35. 哪些单位可以根据需要建立志愿消防队？／088

36. 消防救援机构能否调动指挥专职消防队参加火灾扑救工作？／091

第四章　灭火救援／093

37. 县级以上地方人民政府在火灾应急预案方面的义务是什么？／095
38. 发现火灾后必须立即报警吗？／097
39. 人员密集场所发生火灾时，该场所的现场工作人员应当怎么做？／100
40. 邻近单位发生火灾，本单位有消防义务吗？／102
41. 消防救援机构统一组织和指挥火灾现场扑救，应当优先保障遇险人员的生命安全还是财产安全？／104
42. 火灾现场总指挥有权决定哪些事情？／106
43. 国家综合性消防救援队、专职消防队参加火灾以外的其他重大灾害事故的应急救援工作时，由谁领导？／108
44. 消防车、消防艇前往执行火灾扑救或者应急救援任务时有什么交通保障？／109
45. 消防艇能否用于水上娱乐项目，以满足人们的游玩需求？／112
46. 国家综合性消防救援队、专职消防队扑救火灾、应急救援，可以收取费用吗？／113

47. 单位专职消防队、志愿消防队参加扑救外单位火灾产生燃料、灭火剂和器材、装备等损耗的，如何处理？/ 115

48. 消防救援机构是否可以封闭火灾现场？/ 116

49. 火灾扑灭后，发生火灾的单位和相关人员有什么义务？/ 118

50. 火灾事故认定书有什么作用？/ 120

第五章　监督检查 / 123

51. 公安派出所有消防监督检查权吗？/ 125

52. 消防救援机构在消防监督检查中发现火灾隐患的，应当怎么处理？/ 126

53. 不及时消除火灾隐患可能严重威胁公共安全的，消防救援机构应当如何处理？/ 128

54. 消防救援机构在消防监督检查中发现城乡消防安全布局、公共消防设施不符合消防安全要求，或者发现本地区存在影响公共安全的重大火灾隐患的，应当如何处理？/ 130

55. 住房和城乡建设主管部门、消防救援机构及其工作人员可以为用户、建设单位指定或者变相指定消防产品的品牌吗？/ 132

56. 个人发现住房和城乡建设主管部门、消防救援机构及其工作人员在执法中存在违法行为，可以检举控告吗？／134

第六章 法律责任／137

57. 依法应当进行消防设计审查的建设工程，未经依法审查或者审查不合格，擅自施工的，应该承担什么责任？／139

58. 建设工程验收后经依法抽查不合格，不停止使用的，应当承担什么责任？／141

59. 公众聚集场所未经消防救援机构许可，擅自投入使用、营业的，应当承担什么责任？／144

60. 建设单位未依照法律规定在验收后报住房和城乡建设主管部门备案的，应该承担什么责任？／146

61. 建设单位要求建筑设计单位或者建筑施工企业降低消防技术标准设计、施工的，应当承担什么责任？／148

62. 建筑设计单位不按照消防技术标准强制性要求进行消防设计的，应当承担什么责任？／151

63. 建筑施工企业不按照消防设计文件和消防技术标准施工，降低消防施工质量的，应承担什么责任？／153

64. 工程监理单位与建设单位或者建筑施工企业串通，弄虚作假，降低消防施工质量的，应承担什么责任？／155

65. 消防设施、器材或者消防安全标志的配置、设置不符合国家标准、行业标准，或者未保持完好有效的，单位应承担什么责任？／157

66. 损坏、挪用或者擅自拆除、停用消防设施、器材的，单位和个人应承担什么责任？／159

67. 占用、堵塞、封闭疏散通道、安全出口或者有其他妨碍安全疏散行为的，单位和个人应承担什么责任？／161

68. 埋压、圈占、遮挡消火栓或者占用防火间距的，单位和个人应承担什么责任？／163

69. 占用、堵塞、封闭消防车通道，妨碍消防车通行的，单位和个人应承担什么责任？／166

70. 对人员密集场所在门窗上设置影响逃生和灭火救援的障碍物的，应承担什么责任？／168

71. 生产、储存、经营易燃易爆危险品的场所与居住场所设置在同一建筑物内的，应承担什么责任？／171

72. 生产、储存、经营易燃易爆危险品的场所未与居住场所保持安全距离的，应承担什么责任？／173

73. 非法携带易燃易爆危险品进入公共场所或者乘坐公共交通工具的，应该怎么处理？／175

74. 对于谎报火警的行为，应当如何处理？／177

75. 阻碍消防车、消防艇执行任务的，应该怎么处理？／180

76. 阻碍消防救援机构的工作人员依法执行职务的，应该怎么处理？/ 182

77. 违反规定使用明火作业或者在具有火灾、爆炸危险的场所吸烟、使用明火的，应承担什么责任？/ 184

78. 指使或者强令他人违反消防安全规定，冒险作业，尚不构成犯罪的，应如何处理？/ 185

79. 过失引起火灾，尚不构成犯罪的，应如何处理？/ 187

80. 扰乱火灾现场秩序，或者拒不执行火灾现场指挥员指挥，影响灭火救援，尚不构成犯罪的，应如何处理？/ 189

81. 故意破坏或者伪造火灾现场，尚不构成犯罪的，应如何处理？/ 191

82. 擅自拆封或者使用被消防救援机构查封的场所、部位，尚不构成犯罪的，应如何处理？/ 193

83. 人员密集场所使用不合格的消防产品或者国家明令淘汰的消防产品的，应如何处理？/ 196

84. 电器产品、燃气用具的安装、使用及其线路、管路的设计、敷设、维护保养、检测不符合消防技术标准和管理规定，且逾期仍不改正的，应该如何处理？/ 198

85. 人员密集场所发生火灾，该场所的现场工作人员不履行组织、引导在场人员疏散的义务，情节严重，尚不构成犯罪的，应如何处理？/ 200

86. 消防设施维护保养检测、消防安全评估等消防技术服务机构,不具备从业条件从事消防技术服务活动或者出具虚假文件的,应如何处理? / 201

87. 对不符合消防安全要求的消防设计文件、建设工程、场所准予审查合格、消防验收合格、消防安全检查合格,尚不构成犯罪的,应如何处理? / 204

88. 无故拖延消防设计审查、消防验收、消防安全检查,不在法定期限内履行职责的,应如何处理? / 206

89. 发现火灾隐患不及时通知有关单位或者个人整改,尚不构成犯罪的,应如何处理? / 208

90. 利用职务为用户、建设单位指定或者变相指定消防产品的品牌、销售单位或者消防技术服务机构、消防设施施工单位的,应如何处理? / 210

91. 将消防车、消防艇以及消防器材、装备和设施用于与消防和应急救援无关的事项,尚不构成犯罪的,应如何处理? / 212

第七章 消防用语 / 215

92. 消防设施都有哪些? / 217
93. 消防产品都有哪些? / 219
94. 公共聚集场所都有哪些? / 221
95. 人员密集场所都有哪些? / 224

第一章
消防安全义务

1. 在应急管理部门之外,其他单位是否也有权对消防工作进行监督管理?

情景再现

某公司系从事煤矿生产的国有企业,因煤矿生产消防安全的重要性,该公司对消防安全工作一直非常重视,多次主动邀请所在区域应急管理部门对其消防安全工作进行指导。某日,该企业的主管部门突然造访,要求该公司主要负责人陪同下到煤矿矿井检查消防工作,该公司负责人以消防工作应由应急管理部门负责监督管理,主管部门监督检查无法律依据为由予以拒绝。请问,该企业的主管部门是否有权对该公司矿井消防工作进行监督检查?

依法解答

《中华人民共和国消防法》第四条第一款规定:"国务院应急管理部门对全国的消防工作实施监督管理。县级以上地方人民政府应急管理部门对本行政区域内的消防工作实施监督管理,并由本级人民政府消防救援机构负责实施。军事设施的消防工作,由其主管单位监督管理,消防救援机构协助;矿井地下部分、核电厂、海上石油天然气设施的消防工作,由其主管单位监督管理。"据此,因该公司是从事煤矿生产的企业,其主管部门有权进入矿井地下部分对其消防工作进行监督检查，该公司负责人以消防工作仅应由应急管理部门负责监督管理为由予以拒绝，明显错误。《中华人民共和国安全生产法》第六十六条规定："生产经营单位对负有安全生产监督管理职责的部门的监督检查人员（以下统称安全生产监督检查人员）依法履行监督检查职责，应当予以配合，不得拒绝、阻挠。"据此，该公司的主管部门对该公司的矿井消防工作进行监督检查时，该公司负责人应当履行法定义务，配合监督检查工作，不得拒绝、阻挠。

法律依据

《中华人民共和国消防法》

第四条 国务院应急管理部门对全国的消防工作实施监督管理。县级以上地方人民政府应急管理部门对本行政区域内的消防工作实施监督管理，并由本级人民政府消防救援机构负责实施。军事设施的消防工作，由其主管单位监督管理，消防救援机构协助；矿井地下部分、核电厂、海上石油天然气设施的消防工作，由其主管单位监督管理。

县级以上人民政府其他有关部门在各自的职责范围内，依照本法和其他相关法律、法规的规定做好消防工作。

法律、行政法规对森林、草原的消防工作另有规定的，从其规定。

《中华人民共和国安全生产法》

第六十六条 生产经营单位对负有安全生产监督管理职责的部门的监督检查人员（以下统称安全生产监督检查人员）依

法履行监督检查职责,应当予以配合,不得拒绝、阻挠。

消防安全提示

消防工作事关人民群众的生命与财产安全,国家根据不同行业的特殊性及各自的消防工作特点,对其监督管理作了不同的区分,应急管理部门有权对消防工作进行全面监督管理,同时赋予了特殊行业、特殊区域相关主体的主管单位相应的消防监督管理权。从事特定行业的单位应依法接受主管单位对其消防工作的监督管理。当监管部门履行法定职责时,生产经营单位有配合监管部门进行监督检查的义务,不得拒绝、阻挠。

2. 看到火灾是否应该报告火警?

情景再现

小王与小张均是在校大学生，某日外出参加某作家的图书签售会，路上看到不远处的居民楼有浓烟冒出，小王掏出手机准备报告火警，小张赶紧拉着小王说："要不别报了吧，报了火警，如果警察找我们作笔录，岂不是很麻烦，而且我们不是要去签售会嘛，时间有点来不及了，说不定已经有人报过火警了。"小王对小张说："报火警不会耽误很长时间的，警察一般也只会询问火灾具体地址方便消防出警，报火警也是我们每个人都应该履行的义务。"请问，看到火灾后是否应该报告火警呢？

依法解答

《中华人民共和国消防法》第五条规定："任何单位和个人都有维护消防安全、保护消防设施、预防火灾、报告火警的义务。任何单位和成年人都有参加有组织的灭火工作的义务。"据此，单位和个人在发现火灾后，均有义务报告火警。小张怕麻烦而且担心会耽误图书签售会，明显没有意识到报告火警是每一位公民应尽的义务。小王不仅了解报告火警的法定义务，而且愿意积极履行该义务，其行为值得肯定。

法律依据

《中华人民共和国消防法》

第五条 任何单位和个人都有维护消防安全、保护消防设施、预防火灾、报告火警的义务。任何单位和成年人都有参加有组织的灭火工作的义务。

第六十四条 违反本法规定,有下列行为之一,尚不构成犯罪的,处十日以上十五日以下拘留,可以并处五百元以下罚款;情节较轻的,处警告或者五百元以下罚款:

(一)指使或者强令他人违反消防安全规定,冒险作业的;

(二)过失引起火灾的;

(三)在火灾发生后阻拦报警,或者负有报告职责的人员不及时报警的;

(四)扰乱火灾现场秩序,或者拒不执行火灾现场指挥员指挥,影响灭火救援的;

(五)故意破坏或者伪造火灾现场的;

(六)擅自拆封或者使用被消防救援机构查封的场所、部位的。

消防安全提示

任何单位与个人均有报告火警的义务。在发现火灾后立即报告火警,可以最大限度地减轻火灾对人民群众生命与财产安全造成的危害。阻拦别人报告火警,尚未构成犯罪的,会被处警告、拘留、罚款处罚;构成犯罪的,会被追究刑事责任。

3. 企业是否有义务对本单位人员进行消防宣传教育？

情景再现

某公司系生产服装的民营企业，公司管理层一直以来以产品生产与销售为重，从未对公司人员开展过消防宣传教育，公司人员均未掌握消火栓、灭火器等消防设施的使用方法，消防知识缺乏，消防意识淡薄。某日，公司库管员无视禁止吸烟的警示，在仓库里吸烟，且将未熄灭的烟蒂随手丢弃，结果引燃了部分服装，造成了不小的损失。请问，企业是否有义务对单位人员进行消防宣传教育？

依法解答

《中华人民共和国消防法》第六条第二款规定："机关、团体、企业、事业等单位，应当加强对本单位人员的消防宣传教育。"据此，企业有义务对本单位人员加强消防宣传教育。本案中，库管员自身消防意识淡薄，在易燃物仓库吸烟且随手丢弃烟蒂引发火灾，其行为体现了该服装企业对本单位人员消防教育的缺失，该企业未对本单位人员开展消防宣传教育已然触犯法律。

法律依据

《中华人民共和国消防法》

第六条 各级人民政府应当组织开展经常性的消防宣传教育，提高公民的消防安全意识。

机关、团体、企业、事业等单位，应当加强对本单位人员的消防宣传教育。

应急管理部门及消防救援机构应当加强消防法律、法规的宣传，并督促、指导、协助有关单位做好消防宣传教育工作。

教育、人力资源行政主管部门和学校、有关职业培训机构应当将消防知识纳入教育、教学、培训的内容。

新闻、广播、电视等有关单位，应当有针对性地面向社会进行消防宣传教育。

工会、共产主义青年团、妇女联合会等团体应当结合各自工作对象的特点，组织开展消防宣传教育。

村民委员会、居民委员会应当协助人民政府以及公安机关、应急管理等部门，加强消防宣传教育。

消防安全提示

消防无小事，火灾往往是人的因素导致的，筑牢消防安全有赖于全民消防安全意识的提升，各单位应加强对本单位人员的消防宣传教育，防微杜渐，未雨绸缪。

第二章
火灾预防

4. 消防安全布局是否需要纳入城乡规划，如果消防安全布局不合理，应该怎么解决？

情景再现

由于缺乏消防安全意识和消防安全布局不合理，A市发生了一起火灾。这次火灾是一家商场的电线老化却没有及时检修和更新导致，起火后火势迅速蔓延至整个商场。火势过大，无法控制，蔓延到周围的建筑物，造成了更大面积的破坏。为什么这次火灾造成了如此巨大的损失？原来，该市在城乡规划中并没有将消防安全布局纳入考虑范围。虽然有一些简单的消防设备和消防通道，但没有进行全面的规划和布局。消防安全布局是否需要纳入城乡规划？如果布局不合理，又该如何解决呢？

依法解答

《中华人民共和国消防法》第八条规定："地方各级人民政府应当将包括消防安全布局、消防站、消防供水、消防通信、消防车通道、消防装备等内容的消防规划纳入城乡规划，并负责组织实施。城乡消防安全布局不符合消防安全要求的，应当调整、完善；公共消防设施、消防装备不足或者不适应实际需要的，应当增建、改建、配置或者进行技术改造。"所以，在城乡规划中应当纳入消防安全布局。如果消防安全布局不合理，应当及时进行整改，确保建筑物的设计和选址都要符合消防安全标准，确保消防通道畅通无阻，消防设备完善，并定期进行安全维护检查。

法律依据

《中华人民共和国消防法》

第八条　地方各级人民政府应当将包括消防安全布局、消防站、消防供水、消防通信、消防车通道、消防装备等内容的消防规划纳入城乡规划，并负责组织实施。

城乡消防安全布局不符合消防安全要求的，应当调整、完善；公共消防设施、消防装备不足或者不适应实际需要的，应当增建、改建、配置或者进行技术改造。

消防安全提示

城乡规划的过程中，在与建筑师、设计师进行规划合作时，应当加强对消防安全的重视，在必要的情况下可以邀请专业的消防队伍进行培训，学习如何应对火灾和掌握救援技巧。此外，还要加强居民消防安全知识的普及工作，帮助居民掌握如何使用灭火器和应对紧急情况。因此，应当将消防安全布局纳入城乡规划之中。

5. 公共消防设施不适应实际需要的，应该怎么做？

情景再现

A市经济发展迅速，在这座城市中，高楼大厦林立，人口密集，但是公共消防安全设施却没有随着城市的发展作出相应的改善。某天，一栋高楼住宅发生了火灾。由于火势蔓延，居民陷入了恐慌和混乱中，然而，在他们准备使用楼道里的消防器材时却发现灭火器已经过期，无法使用；消防水源也不足，导致灭火工作困难重重。此外，楼内缺乏紧急疏散通道和安全出口标识，给居民的逃生带来了极大的困难。由于消防设施不适应实际需要，火灾造成了严重的后果。许多居民被困在楼中，无法逃生，最终造成了人员伤亡和财产损失。A市高楼失火案件引起了社会的广泛关注，也引发了人们的思考。那么，公共消防设施不适应实际需要时，该怎么做呢？

依法解答

《中华人民共和国消防法》第八条规定："地方各级人民政府应当将包括消防安全布局、消防站、消防供水、消防通信、消防车通道、消防装备等内容的消防规划纳入城乡规划，并负责组织实施。城乡消防安全布局不符合消防安全要求的，应当调整、完善；公共消防设施、消防装备不足或者不适应实际需要的，应当增建、改建、配置或者进行技术改造。"针对A市发生的高楼失火案，在相关的消防配套设施不适应实际需要时，应当及时调整、完善；公共消防设施、消防装备不足或者不适应实际需要的，应当增建、改建、配置或者进行技术改造。

法律依据

《中华人民共和国消防法》

第八条　地方各级人民政府应当将包括消防安全布局、消防站、消防供水、消防通信、消防车通道、消防装备等内容的消防规划纳入城乡规划，并负责组织实施。

城乡消防安全布局不符合消防安全要求的，应当调整、完善；公共消防设施、消防装备不足或者不适应实际需要的，应当增建、改建、配置或者进行技术改造。

消防安全提示

在城市发展过程中，公共消防设施的投资和改善是至关重要的，政府应当采取一系列措施，包括更新和维护消防设备、提高建筑火灾安全标准、增强居民的火灾安全意识等。政府和相关部门应该密切关注社区的实际需要，采取更加严格的消防监管措施来改善和更新消防设施，并进行相关培训和演习，以确保居民在火灾发生时能够及时疏散和自救，保障公众的生命安全和财产安全。

6. 建设工程的消防设计、施工质量的责任主体都有哪些？

情景再现

某市的一栋大型商业综合体在建设过程中，发生了一次火灾事故，造成了财产损失。经调查发现，消防设计存在缺陷，

第二章 火灾预防

导致消防系统无法正常运行，加剧了火灾事故的后果；且该商业综合体在电气工程方面存在质量问题，包括电线敷设不规范、接地线错误连接等，同时存在消防设施未按照设计要求进行安装和维护情况。监理单位作为工程责任质量监督的主体，应对消防设施的安装和维护情况进行监管，但在该项目中其未履行监理职责，导致火灾事故的发生。那么，建设工程的消防设计、施工质量的责任主体有哪些呢？

依法解答

《中华人民共和国消防法》第九条规定："建设工程的消防设计、施工必须符合国家工程建设消防技术标准。建设、设计、施工、工程监理等单位依法对建设工程的消防设计、施工质量负责。"《建设工程消防设计审查验收管理暂行规定》第八条规定："建设单位依法对建设工程消防设计、施工质量负首要责任。设计、施工、工程监理、技术服务等单位依法对建设工程消防设计、施工质量负主体责任。建设、设计、施工、工程监理、技术服务等单位的从业人员依法对建设工程消防设计、施工质量承担相应的个人责任。"因此，建设工程的消防设计、施工质量的责任主体包括委托人、设计单位、施工单位、监理单位、监督机构、从业人员等。这些责任主体需确保建设工程的消防设计和施工符合国家工程建设消防技术标准，并依法承担相应的责任。

📑 法律依据

《中华人民共和国消防法》

第九条　建设工程的消防设计、施工必须符合国家工程建设消防技术标准。建设、设计、施工、工程监理等单位依法对建设工程的消防设计、施工质量负责。

《建设工程消防设计审查验收管理暂行规定》

第八条　建设单位依法对建设工程消防设计、施工质量负首要责任。设计、施工、工程监理、技术服务等单位依法对建设工程消防设计、施工质量负主体责任。建设、设计、施工、工程监理、技术服务等单位的从业人员依法对建设工程消防设计、施工质量承担相应的个人责任。

📒 消防安全提示

建设工程设计的安全问题关系居民的生命和财产，因此不仅政府要尽到相应的监管责任，相关责任主体，如委托方、设计单位、施工单位、监理单位、监督机构、从业人员也应承担相应职责：委托方对项目的整体质量负有监督责任；设计单位负责制订建筑物的消防设计方案，包括火灾预防措施、疏散通道设计、消防设备布置等；施工单位要保证施工过程符合相关法规和标准；监理单位要对工程施工过程进行监督和检查，确保施工符合法规和设计要求。

第二章 火灾预防

7. 对国务院住房和城乡建设主管部门规定的特殊建设工程，消防设计文件的审查主体是谁，谁对审查结果负责？

情景再现

A市计划建造一座高层住宅楼，根据规定，该项目被归类为特殊建设工程，需要提交消防设计文件进行审查。同时，该市计划开展施工的一座地铁隧道工程和准备扩建的一家大型医院工程，因地下工程的特殊性和医疗机构的特殊要求及安全性要求，均被列为特殊建设工程。相关部门对这些项目的消防设计文件进行了审查，以确保高层住宅楼、地铁隧道以及医疗楼的消防设备和疏散通道满足医疗机构的特殊要求。那么，这些消防设计文件的审查主体是谁？谁又对审查结果负责呢？

依法解答

《中华人民共和国消防法》第十一条规定："国务院住房和城乡建设主管部门规定的特殊建设工程，建设单位应当将消防设计文件报送住房和城乡建设主管部门审查，住房和城乡建设主管部门依法对审查的结果负责。前款规定以外的其他建设工程，建设单位申请领取施工许可证或者申请批准开工报告时应当提供满足施工需要的消防设计图纸及技术资料。"《建设工程消防设计审查验收管理暂行规定》第十五条规定："对特殊建设工程实行消防设计审查制度。特殊建设工程的建设单位应当向消防设计审查验收主管部门申请消防设计审查，消防设计审查验收主管部门依法对审查的结果负责。特殊建设工程未经消防设计审查或者审查不合格的，建设单位、施工单位不得施工。"因此，特殊建设工程消防设计文件的审查主体是住房和城乡建设主管部门。同时，住房和城乡建设主管部门依法对审查的结果负责。

法律依据

《中华人民共和国消防法》

第十一条　国务院住房和城乡建设主管部门规定的特殊建设工程，建设单位应当将消防设计文件报送住房和城乡建设主管部门审查，住房和城乡建设主管部门依法对审查的结果负责。

前款规定以外的其他建设工程，建设单位申请领取施工许可证或者申请批准开工报告时应当提供满足施工需要的消防设计图纸及技术资料。

《建设工程消防设计审查验收管理暂行规定》

第三条　国务院住房和城乡建设主管部门负责指导监督全国建设工程消防设计审查验收工作。

县级以上地方人民政府住房和城乡建设主管部门（以下简称消防设计审查验收主管部门）依职责承担本行政区域内建设工程的消防设计审查、消防验收、备案和抽查工作。

跨行政区域建设工程的消防设计审查、消防验收、备案和抽查工作，由该建设工程所在行政区域消防设计审查验收主管部门共同的上一级主管部门指定负责。

第十五条　对特殊建设工程实行消防设计审查制度。

特殊建设工程的建设单位应当向消防设计审查验收主管部门申请消防设计审查，消防设计审查验收主管部门依法对审查的结果负责。

特殊建设工程未经消防设计审查或者审查不合格的，建设单位、施工单位不得施工。

📇 消防安全提示

国务院住房和城乡建设主管部门规定的特殊建设工程包括高层建筑、地下工程、医疗机构等。特殊建设工程都需要提交消防设计文件并且按照国务院住房和城乡建设主管部门的规定进行审查。具体的案例可能因地区、项目类型等而有所不同，但都需要遵守相关法规和标准，确保工程的消防安全。

8. 特殊建设工程未经消防设计审查或者审查不合格的，建设单位、施工单位能否先行施工？

🎬 情景再现

A 市经济技术开发区建设交通执法人员在对某加油加气合建站项目进行执法检查时，发现该建设项目未经消防设计审查擅自施工。经审查，该项目为工业建筑，总建筑面积约为 4000 平方米，是易燃易爆场所，属于特殊建设工程。同年，B 市住房和城乡建设局执法人员在对某写字楼进行执法检查时，发现该建设项目于该年 5 月竣工，项目使用性质为公共建筑，总建筑面积约为 80000 平方米，属于特殊建设工程，未经消防验收擅自投入使用。那么，特殊建设工程未经消防设计审查或者审查不合格，建设单位、施工单位能否先行施工？

⚖ 依法解答

《中华人民共和国消防法》第十二条规定："特殊建设工程未经消防设计审查或者审查不合格的，建设单位、施工单位不得施工；其他建设工程，建设单位未提供满足施工需要的消防设计图纸及技术资料的，有关部门不得发放施工许可证或者批准开工报告。"《建设工程消防设计审查验收管理暂行规定》第十五条规定："对特殊建设工程实行消防设计审查制度。特殊建设工程的建设单位应当向消防设计审查验收主管部门申请消防设计审查，消防设计审查验收主管部门依法对审查的结果负责。特殊建设工程未经消防设计审查或者审查不合格的，建设单位、施工单位不得施工。"所以，A市某加油加气合建站项目与B市某写字楼均不符合《中华人民共和国消防法》要求，特殊建设工程未经消防设计审查或者审查不合格，建设单位、施工单位不能先行施工。以上两市相关主体的行为已经违反了《中华人民共和国消防法》以及《建设工程消防设计审查验收管理暂行规定》，A市经济技术开发区建设交通局依据《中华人民共和国消防法》和《中华人民共和国行政处罚法》的相关规定，责令相关单位停止项目施工，并处以罚款；B市住房和城乡建设局依据《中华人民共和国消防法》的相关规定，责令建设单位停止项目使用，并处以罚款。

📖 法律依据

《中华人民共和国消防法》

第十二条 特殊建设工程未经消防设计审查或者审查不合格的，建设单位、施工单位不得施工；其他建设工程，建设单位未提供满足施工需要的消防设计图纸及技术资料的，有关部门不得发放施工许可证或者批准开工报告。

《建设工程消防设计审查验收管理暂行规定》

第十五条 对特殊建设工程实行消防设计审查制度。

特殊建设工程的建设单位应当向消防设计审查验收主管部门申请消防设计审查，消防设计审查验收主管部门依法对审查的结果负责。

特殊建设工程未经消防设计审查或者审查不合格的，建设单位、施工单位不得施工。

📋 消防安全提示

为了确保公共安全和防范火灾风险，建设单位和施工单位应当严格遵守消防法律法规的要求，并按照程序进行消防设计审查和施工，及时发现和纠正问题，确保特殊建设工程在施工过程中，合理组织施工，采取必要的防火措施，做好消防安全工作。

9. 建设单位未提供满足施工所需消防设计图纸及技术资料的，有关部门能否发放施工许可证或者批准开工报告？

情景再现

某餐厅于某年1月动工装修，装修规模为建筑面积1000余平方米，签约合同价为100万元，开工前未向住建局申请消防设计审查，也未提供满足施工需要的消防设计图纸及技术资料。住建局巡查发现后，认为其涉嫌违反《中华人民共和国消防法》第十二条，将该案件线索移送当地城管局。城管局立即启动案件办理程序，向建设单位（该餐厅）下发了《责令停止违法行为通知书》。那么，建设单位未提供满足施工所需消防设计图纸及技术资料的，有关部门能否发放施工许可证或者批准开工报告？

依法解答

《中华人民共和国消防法》第十二条规定："特殊建设工程未经消防设计审查或者审查不合格的，建设单位、施工单位不得施工；其他建设工程，建设单位未提供满足施工需要的消防设计图纸及技术资料的，有关部门不得发放施工许可证或者批准开工报告。"《建设工程消防设计审查验收管理暂行规定》第三十三条规定："其他建设工程，建设单位申请施工许可或者申请批准开工报告时，应当提供满足施工需要的消防设计图纸及技术资料。未提供满足施工需要的消防设计图纸及技术资料的，有关部门不得发放施工许可证或者批准开工报告。"该餐厅的案例充分表明了建设单位未提供满足施工需要的消防设计图纸及技术资料的,有关部门不能发放施工许可证或者批准开工报告。

法律依据

《中华人民共和国消防法》

第十二条 特殊建设工程未经消防设计审查或者审查不合格的,建设单位、施工单位不得施工;其他建设工程,建设单位未提供满足施工需要的消防设计图纸及技术资料的,有关部门不得发放施工许可证或者批准开工报告。

第五十八条 违反本法规定,有下列行为之一的,由住房和城乡建设主管部门、消防救援机构按照各自职权责令停止施工、停止使用或者停产停业,并处三万元以上三十万元以下罚款:

(一)依法应当进行消防设计审查的建设工程,未经依法审查或者审查不合格,擅自施工的;

(二)依法应当进行消防验收的建设工程,未经消防验收或者消防验收不合格,擅自投入使用的;

(三)本法第十三条规定的其他建设工程验收后经依法抽查不合格,不停止使用的;

(四)公众聚集场所未经消防救援机构许可,擅自投入使用、营业的,或者经核查发现场所使用、营业情况与承诺内容不符的。

核查发现公众聚集场所使用、营业情况与承诺内容不符,经责令限期改正，逾期不整改或者整改后仍达不到要求的，依法撤销相应许可。

建设单位未依照本法规定在验收后报住房和城乡建设主管部门备案的，由住房和城乡建设主管部门责令改正，处五千元以下罚款。

《建设工程消防设计审查验收管理暂行规定》

第三十三条　其他建设工程，建设单位申请施工许可或者申请批准开工报告时，应当提供满足施工需要的消防设计图纸及技术资料。

未提供满足施工需要的消防设计图纸及技术资料的，有关部门不得发放施工许可证或者批准开工报告。

消防安全提示

经营者对经营场所进行装修可以提升服务质量，但同时应重视对各项安全事项的注意义务。餐厅属于人员较为密集的场所，一旦发生火灾，会对食客的生命和财产安全造成严重威胁。因此，应从源头上防范化解建筑工程消防安全风险，在对经营场所美化装修前，应特别重视消防设计审查义务，预防消防事故的发生。

10. 是否所有的建设工程竣工都需要消防验收？

情景再现

A市某法院宣判了一起工厂未通过消防验收引发的火灾案

件，法院认定涉案工厂经营者构成重大责任事故罪，判处其有期徒刑十个月。被告人孙某系一家塑料制品厂的经营者，该厂没有可正常使用的消防系统，也没有通过消防验收。孙某在明知该厂存在消防隐患的情况下，仍投入生产、经营。当时A市公安派出所日常消防监督检查记录显示，该厂未依法通过投入使用、营业前消防安全检查，未组织开展员工消防安全教育培训及消防演练，灭火器缺少且失效。事后查明，火灾发生的原因是厂内环保设备起火，现场工人无法及时扑灭，火势迅速蔓延。火灾造成该厂房及相邻厂房内财物被烧毁的重大安全事故。庭审中，被告人孙某称自己非常后悔，不应该抱有侥幸心理，在明知道厂房没有通过消防验收的情况下，还一直进行生产作业。那么，是否所有的建设工程竣工都需要进行消防安全验收？

依法解答

《中华人民共和国消防法》第十三条规定："国务院住房和城乡建设主管部门规定应当申请消防验收的建设工程竣工，建设单位应当向住房和城乡建设主管部门申请消防验收。前款规定以外的其他建设工程，建设单位在验收后应当报住房和城乡建设主管部门备案，住房和城乡建设主管部门应当进行抽查。依法应当进行消防验收的建设工程，未经消防验收或者消防验收不合格的，禁止投入使用；其他建设工程经依法抽查不合格的，应当停止使用。"所以，依法应当进行消防验收的建设工程，在竣工后要进行消防安全验收，未经消防安全验收的不能投入使用。

法律依据

《中华人民共和国消防法》

第十三条 国务院住房和城乡建设主管部门规定应当申请消防验收的建设工程竣工，建设单位应当向住房和城乡建设主管部门申请消防验收。

前款规定以外的其他建设工程，建设单位在验收后应当报住房和城乡建设主管部门备案，住房和城乡建设主管部门应当进行抽查。

依法应当进行消防验收的建设工程，未经消防验收或者消防验收不合格的，禁止投入使用；其他建设工程经依法抽查不合格的，应当停止使用。

消防安全提示

消防安全验收是建设工程投入使用的前提。未进行消防安全验收的建设工程是否存在消防安全隐患有极大不确定性，会严重威胁入住人员、过往人员的人身安全及人民群众财产安全。消防安全验收不是横加在相关责任主体面前的不当程序干扰，而是保障相关主体生命财产安全的重要程序，也是国家保障人民群众生命财产安全的重要举措。任何主体均不得以任何借口规避消防安全验收。否则，在发生消防安全事故后，相关主体有可能涉嫌重大违法犯罪行为。相关主体应切实增强防范风险意识，以消防安全验收为契机，将消防安全隐患消灭在萌芽状态。

11. 消防抽查不合格的建设工程能否边整改边使用？

❀情景再现

A市某区住房和城乡建设局执法人员到某公司建设工程项目现场勘察情况时发现，该项目已经投入使用。经核查，该项目包括厂房、料场的建设等，其中，厂房、料场主要用于加工、存放钻采钢管、连接套管等，不属于生产、储存、装卸易燃易爆危险的工厂。该企业共有职工70余人，职工公寓日常居住职工10余人，不属于劳动密集型企业，判定其为建设工程。在一次消防抽查中，该项目被列为抽查对象，经审查，其消防设施不合格，执法人员立即要求该公司进行整改，该公司认为立即整改会影响企业生产经营，提出在整改的同时继续使用的要求。那么，该公司是否可以一边整改该建设工程一边使用？

⚖依法解答

《中华人民共和国消防法》第十三条规定："国务院住房和城乡建设主管部门规定应当申请消防验收的建设工程竣工，建设单位应当向住房和城乡建设主管部门申请消防验收。前款规定以外的其他建设工程，建设单位在验收后应当报住房和城乡建设主管部门备案，住房和城乡建设主管部门应当进行抽查。依法应当进行消防验收的建设工程，未经消防验收或者消防验收不合格的，禁止投入使用；其他建设工程经依法抽查不合格的，应当停止使用。"根据《建设工程消防设计审查验收管理暂行规定》第二十七条以及第三十四条规定，特殊建设工程未经消防验收或者消防验收不合格的，禁止投入使用；其他建设工程经依法抽查不合格的，应当停止使用。消防抽检不合格的建设工程意味着建设工程存在消防安全隐患，发现消防安全隐患应立即整改消除，边使用边整改等于将使用人群置于极大危险之中，是极端不负责任的行为，也是漠视人民群众生命财产安全的行为。因此，消防抽检不合格的建设工程不能一边整改一边投入使用。

法律依据

《中华人民共和国消防法》

第十三条 国务院住房和城乡建设主管部门规定应当申请消防验收的建设工程竣工，建设单位应当向住房和城乡建设主管部门申请消防验收。

前款规定以外的其他建设工程，建设单位在验收后应当报住房和城乡建设主管部门备案，住房和城乡建设主管部门应当进行抽查。

依法应当进行消防验收的建设工程，未经消防验收或者消防验收不合格的，禁止投入使用；其他建设工程经依法抽查不合格的，应当停止使用。

《建设工程消防设计审查验收管理暂行规定》

第二十七条 对特殊建设工程实行消防验收制度。

特殊建设工程竣工验收后，建设单位应当向消防设计审查验收主管部门申请消防验收；未经消防验收或者消防验收不合格的，禁止投入使用。

第三十四条 对其他建设工程实行备案抽查制度,分类管理。

其他建设工程经依法抽查不合格的,应当停止使用。

消防安全提示

防火责任重于泰山,在消防验收中发现问题应及时整改,为保障人民群众生命财产安全,禁止一边整改一边使用。同时要做到以下几点:(1)施工现场应配备足够数量和种类的消防器材,如灭火器、消火栓等,并定期检查维护保养,确保其正常使用。(2)在施工现场周围设置合适的消防通道和出口,确保人员可以迅速疏散。(3)施工现场应定期进行消防演练和培训,提高员工对火灾发生时的反应能力,增加员工的消防知识。(4)定期检查电气设备,确保线路完好无损,避免短路和电气设备故障引起火灾。(5)定期检查和维护建筑物的消防系统,如喷淋系统、烟雾探测器等,确保其正常工作。

12. 公众聚集场所投入使用、营业前的消防安全检查实行告知承诺管理,是否意味着不再进行消防安全检查?

情景再现

以下是一些关于公众聚集场所投入使用、营业后未进行消防安全检查而发生事故的案例。

商场火灾:某个大型购物中心发生了火灾,起火原因是电线老化引发的短路，导致火势迅速扩大。事后调查发现，该商场未定期对电气设备进行安全检查和维护。

夜总会火灾：在一家夜总会内，由于缺乏有效的消防设施和安全措施，火灾迅速蔓延，并造成大量人员伤亡。调查后发现，该场所长期未进行消防安全检查和维护。

剧院逃生困难：在一场剧院演出期间，发生了火灾。由于紧急出口被堵塞、安全标志未标明清晰，以及缺乏有效的灭火器材，许多观众无法及时疏散，造成了人员伤亡。

餐厅爆炸：一家餐厅未按照规定安装并定期检查燃气管道，导致燃气泄漏引发爆炸事故，造成了人员伤亡和财产损失。

上述案例均属于未经消防安全检查或消防设施不完善导致的事故。那么，公众聚集场所投入使用、营业前的消防安全检查实行告知承诺管理是否意味着不再进行消防安全检查？

依法解答

《中华人民共和国消防法》第十五条规定："公众聚集场所投入使用、营业前消防安全检查实行告知承诺管理。公众聚集场所在投入使用、营业前，建设单位或者使用单位应当向场所所在地的县级以上地方人民政府消防救援机构申请消防安全检查，作出场所符合消防技术标准和管理规定的承诺，提交规定的材料，并对其承诺和材料的真实性负责。消防救援机构对申请人提交的材料进行审查；申请材料齐全、符合法定形式的，应当予以许可。消防救援机构应当根据消防技术标准和管理规定，及时对作出承诺的公众聚集场所进行核查。申请人选择不采用告知承诺方式办理的,消防救援机构应当自受理申请之日起十个工作日内,根据消防技术标准和管理规定,对该场所进行检查。经检查符合消防安全要求的,应当予以许可。公众聚集场所未经消防救援机构许可的,不得投入使用、营业。消防安全检查的具体办法,由国务院应急管理部门制定。"告知承诺管理的制度价值在于赋予相关主体责任,以约束相关主体的消防安全懈怠行为,并为相关场所早日投入使用提供便利。告知承诺管理是赋予相关主体消防安全责任的制度安排,也是消防安全管理的重要措施,告知承诺管理不代表免除消防安全检查。所以,公众聚集场所投入使用后,也应当按时进行消防安全检查,以防止事故的发生。

法律依据

《中华人民共和国消防法》

第十五条 公众聚集场所投入使用、营业前消防安全检查实行告知承诺管理。公众聚集场所在投入使用、营业前,建设单位或者使用单位应当向场所所在地的县级以上地方人民政府消防救援机构申请消防安全检查,作出场所符合消防技术标准和管理规定的承诺,提交规定的材料,并对其承诺和材料的真实性负责。

消防救援机构对申请人提交的材料进行审查;申请材料齐全、符合法定形式的,应当予以许可。消防救援机构应当根据消防技术标准和管理规定,及时对作出承诺的公众聚集场所进行核查。

申请人选择不采用告知承诺方式办理的，消防救援机构应当自受理申请之日起十个工作日内，根据消防技术标准和管理规定，对该场所进行检查。经检查符合消防安全要求的，应当予以许可。

公众聚集场所未经消防救援机构许可的，不得投入使用、营业。消防安全检查的具体办法，由国务院应急管理部门制定。

消防安全提示

公众聚集场所消防安全非常重要，未经过消防安全检查和消防措施不完善的场所容易发生火灾或其他事故，导致人员伤亡和财产损失。对于公众聚集场所，必须进行定期的消防安全检查，并采取适当的预防和保护措施，确保消防安全。

13. 公众聚集场所未经消防救援机构许可，是否可以投入使用？

情景再现

A市消防救援大队监督员对某文化广场进行检查时，发现该广场存在无定期防火检查记录、定期防火巡查记录和消防演练记录，重点单位消防档案不齐全，无消防设施器材维护保养检测记录等一系列问题。那么，在消防救援机构未对该场所进行消防许可时，该场所是否可以投入使用呢？

依法解答

《中华人民共和国消防法》第十五条规定："公众聚集场所

投入使用、营业前消防安全检查实行告知承诺管理。公众聚集场所在投入使用、营业前，建设单位或者使用单位应当向场所所在地的县级以上地方人民政府消防救援机构申请消防安全检查，作出场所符合消防技术标准和管理规定的承诺，提交规定的材料，并对其承诺和材料的真实性负责。消防救援机构对申请人提交的材料进行审查；申请材料齐全、符合法定形式的，应当予以许可。消防救援机构应当根据消防技术标准和管理规定，及时对作出承诺的公众聚集场所进行核查。申请人选择不采用告知承诺方式办理的，消防救援机构应当自受理申请之日起十个工作日内，根据消防技术标准和管理规定，对该场所进行检查。经检查符合消防安全要求的，应当予以许可。公众聚集场所未经消防救援机构许可的，不得投入使用、营业。消防安全检查的具体办法，由国务院应急管理部门制定。"消防救援机构作为消防安全检查、核查与实施许可的主体，负有对公众聚集场所消防安全检查的重要职责，对公众聚集场所进行消防安全检查是维护公共利益的需要，也是保护人民群众生命财产安全的需要。所以，公众聚集场所未经消防救援机构许可，不可投入使用。

法律依据

《中华人民共和国消防法》

第十五条 公众聚集场所投入使用、营业前消防安全检查实行告知承诺管理。公众聚集场所在投入使用、营业前，建设单位或者使用单位应当向场所所在地的县级以上地方人民政府消防救援机构申请消防安全检查，作出场所符合消防技术标准和管理规定的承诺，提交规定的材料，并对其承诺和材料的真实性负责。

消防救援机构对申请人提交的材料进行审查；申请材料齐全、符合法定形式的，应当予以许可。消防救援机构应当根据消防技术标准和管理规定，及时对作出承诺的公众聚集场所进行核查。

申请人选择不采用告知承诺方式办理的，消防救援机构应当自受理申请之日起十个工作日内，根据消防技术标准和管理规定，对该场所进行检查。经检查符合消防安全要求的，应当予以许可。

公众聚集场所未经消防救援机构许可的，不得投入使用、营业。消防安全检查的具体办法，由国务院应急管理部门制定。

消防安全提示

公众聚集场所取得消防救援机构的许可是其投入使用的前提。它是消防救援机构依法保障人民群众生命财产安全的准入程序，未经消防救援机构许可擅自使用公众聚集场所可能会导致火灾、人员拥挤踩踏等事故发生。因此，为了确保公众安全，严禁未经消防救援机构许可擅自使用公众聚集场所。如果发现此类违规行为，应及时向相关部门报告，以便采取适当的措施保护公众安全。

14. 机关、团体、企业、事业单位的消防安全职责都有哪些？

情景再现

A市某学校发生火灾事故，师生没有及时疏散撤退，造成师生伤亡的惨剧。调查发现，该学校没有进行有效的火灾应急演练，师生对逃生路线和逃生设施缺乏了解，也缺乏相应的应急逃生知识。同时，学校在消防安全方面存在多项问题，如灭火器过期无效、疏散通道堵塞等。学校管理部门未履行好消防安全职责，没有确保学生和员工的安全，由此酿成重大安全事故。那么，机关、团体、企业、事业单位的消防安全职责都有哪些？是否包括定期进行消防安全演练和消防设施检查维护？

依法解答

《中华人民共和国消防法》第十六条规定："机关、团体、企业、事业等单位应当履行下列消防安全职责：（一）落实消防安全责任制，制定本单位的消防安全制度、消防安全操作规程，制定灭火和应急疏散预案；（二）按照国家标准、行业标准配置消防设施、器材，设置消防安全标志，并定期组织检验、维修，确保完好有效；（三）对建筑消防设施每年至少进行一次全面检测，确保完好有效，检测记录应当完整准确，存档备查；（四）保障疏散通道、安全出口、消防车通道畅通，保证防火防烟分区、防火间距符合消防技术标准；（五）组织防火检查，及时消除火灾隐患；（六）组织进行有针对性的消防演练；（七）法律、法规规定的其他消防安全职责。单位的主要负责人是本单位的消防安全责任人。"所以，机关、团体、企业、事业单位有制定消防安全制度及预案，配置消防设施、器材并定期检查维护，确保消防救援通道畅通，组织防火检查，进行消防演练等义务。

法律依据

《中华人民共和国消防法》

第十六条　机关、团体、企业、事业等单位应当履行下列消防安全职责：

（一）落实消防安全责任制，制定本单位的消防安全制度、消防安全操作规程，制定灭火和应急疏散预案；

（二）按照国家标准、行业标准配置消防设施、器材，设置消防安全标志，并定期组织检验、维修，确保完好有效；

（三）对建筑消防设施每年至少进行一次全面检测，确保完好有效，检测记录应当完整准确，存档备查；

（四）保障疏散通道、安全出口、消防车通道畅通，保证防火防烟分区、防火间距符合消防技术标准；

（五）组织防火检查，及时消除火灾隐患；

（六）组织进行有针对性的消防演练；

（七）法律、法规规定的其他消防安全职责。

单位的主要负责人是本单位的消防安全责任人。

消防安全提示

A市某学校的案例反映出机关、团体、企业和事业单位在消防安全职责方面的疏忽和管理不善。为了预防此类案件发生，这些组织应建立有效的消防安全管理制度，包括定期检查和维护消防设备、开展员工培训和演练，并确保建筑物符合消防安全标准。此外，相关部门也应加大监督和执法力度，对违规行为进行处罚，以保障公众的生命财产安全。

15. 消防安全重点单位如何确定与管理？

情景再现

某市一家被认定为消防安全重点单位的工厂因未尽到职责而发生了一起火灾事故。该工厂是一家电子产品制造企业，拥有大量的生产设备和原材料，员工数量众多。发生火灾是由于工厂在消防安全方面存在严重的疏漏和违规行为。以下是导致火灾事故的主要原因：(1)消防设施维护不及时：工厂的消防设施包括灭火器、喷淋系统、疏散通道等，但多年来没有进行定期的检查和维护，导致部分设备无法正常使用，削弱了应对突发火灾的能力。(2)员工消防培训不到位：工厂在入职培训和日常工作中，忽视了对员工进行必要的消防安全教育培训，使员工缺乏应急逃生的基本知识和技能。(3)电气安全隐患严重：工厂长期忽视电线、插座等设备的定期检查和维护，导致电气设备存在严重的安全隐患，电线老化、插座过载等问题成为火灾爆发的诱因。(4)废弃物管理不规范：工厂没有建立有效的废弃物管理制度，导致大量易燃废弃物积存在生产区域内，为火灾的蔓延提供了可燃物。那么，消防安全重点单位如何确定和管理呢？

依法解答

《中华人民共和国消防法》第十七条规定:"县级以上地方人民政府消防救援机构应当将发生火灾可能性较大以及发生火灾可能造成重大的人身伤亡或者财产损失的单位,确定为本行政区域内的消防安全重点单位,并由应急管理部门报本级人民政府备案。消防安全重点单位除应当履行本法第十六条规定的职责外,还应当履行下列消防安全职责:(一)确定消防安全管理人,组织实施本单位的消防安全管理工作;(二)建立消防档案,确定消防安全重点部位,设置防火标志,实行严格管理;(三)实行每日防火巡查,并建立巡查记录;(四)对职工进行岗前消防安全培训,定期组织消防安全培训和消防演练。"所以,对于消防安全重点单位的管理应确定消防安全管理人、建立消防档案、实行每日防火巡查、对职工进行岗前消防安全培训等。

法律依据

《中华人民共和国消防法》

第十七条 县级以上地方人民政府消防救援机构应当将发生火灾可能性较大以及发生火灾可能造成重大的人身伤亡或者财产损失的单位,确定为本行政区域内的消防安全重点单位,并由应急管理部门报本级人民政府备案。

消防安全重点单位除应当履行本法第十六条规定的职责外,还应当履行下列消防安全职责:

（一）确定消防安全管理人，组织实施本单位的消防安全管理工作；

（二）建立消防档案，确定消防安全重点部位，设置防火标志，实行严格管理；

（三）实行每日防火巡查，并建立巡查记录；

（四）对职工进行岗前消防安全培训，定期组织消防安全培训和消防演练。

《消防监督检查规定》

第十一条 对消防安全重点单位履行法定消防安全职责情况的监督抽查，除检查本规定第十条规定的内容外，还应当检查下列内容：

（一）是否确定消防安全管理人；

（二）是否开展每日防火巡查并建立巡查记录；

（三）是否定期组织消防安全培训和消防演练；

（四）是否建立消防档案、确定消防安全重点部位。

对属于人员密集场所的消防安全重点单位，还应当检查单位灭火和应急疏散预案中承担灭火和组织疏散任务的人员是否确定。

消防安全提示

案例中消防设施维护不及时、员工消防培训不到位、电气安全隐患严重、废弃物管理不规范等问题的不断积累最终导致了火灾的发生。火灾发生时，由于消防设施无法正常使用，员工缺乏应对火灾的知识与技能，加之电气设备和废弃物的存在，火势迅速蔓延,造成多名员工被困,一部分员工受伤,甚至有人因无法及时逃生而丧生。这是一个典型的消防安全重点单位未尽到职责而发生火灾事故的案例,凸显了消防安全工作的重要性和必要性。这个案例也提醒其他类似单位应当高度重视消防安全工作,加强消防设施的维护和更新、员工的培训教育以及废弃物的规范管理,确保人员生命财产安全。

16. 小区里的共用消防设施由谁维护管理?

❀情景再现

某市的一个住宅小区拥有多栋高层住宅楼,每栋楼内都配备了消防设施,包括灭火器、消火栓、疏散通道等。由于小区物业公司未对共用消防设施进行及时维护,小区一住宅楼发生火灾。以下是导致危险情况发生的主要原因。

(1)消防设施未经定期检查:小区物业公司多年来未对共用消防设施进行定期的检查和维护,导致部分设备失效或无法正常使用。例如,灭火器过期未更换、消火栓堵塞无法启用等。

(2)疏散通道存在障碍物:由于缺乏有效管理,小区内部的疏散通道被私人摆放的物品堵塞,严重影响了居民在紧急情况下的逃生。

(3)居民消防意识薄弱:小区物业公司忽视了对居民进行消防安全教育的重要性,导致居民缺乏应对火灾的基本知识和技能。

(4)消防设施标识不清晰:小区内的消防设施标识存在模

糊、褪色等问题，无法提供有效的指引和警示。

那么，小区里的共用消防设施由谁维护管理呢？

依法解答

《中华人民共和国消防法》第十八条规定："同一建筑物由两个以上单位管理或者使用的，应当明确各方的消防安全责任，并确定责任人对共用的疏散通道、安全出口、建筑消防设施和消防车通道进行统一管理。住宅区的物业服务企业应当对管理区域内的共用消防设施进行维护管理，提供消防安全防范服务。"《高层民用建筑消防安全管理规定》第十条规定："接受委托的高层住宅建筑的物业服务企业应当依法履行下列消防安全职责：（一）落实消防安全责任，制定消防安全制度，拟订年度消防安全工作计划和组织保障方案；（二）明确具体部门或者人员负责消防安全管理工作；（三）对管理区域内的共用消防设施、器材和消防标志定期进行检测、维护保养，确保完好有效；（四）组织开展防火巡查、检查，及时消除火灾隐患；（五）保障疏散通道、安全出口、消防车通道畅通，对占用、堵塞、封闭疏散通道、安全出口、消防车通道等违规行为予以制止；制止无效的，及时报告消防救援机构等有关行政管理部门依法处理；（六）督促业主、使用人履行消防安全义务；（七）定期向所在住宅小区业主委员会和业主、使用人通报消防安全情况，提示消防安全风险；（八）组织开展经常性的消防宣传教育；（九）制定灭火和应急疏散预案，并定期组织演练；（十）法律、法规规定和合同约定的其他消防安全职责。"小区内的共用消防设施是维护小区消防安全的重要设施，小区业主往往因分散及专业所限而不具备维护管理的条件与能力。小区内的物业服务企业作为服务小区业主的主体，消防设施维护管理是其业务培训的重点内容，也是其日常工作内容之一。因此，住宅区的物业服务企业应当对小区的共用消防设施进行维护管理。

法律依据

《中华人民共和国消防法》

第十八条 同一建筑物由两个以上单位管理或者使用的，应当明确各方的消防安全责任，并确定责任人对共用的疏散通道、安全出口、建筑消防设施和消防车通道进行统一管理。住宅区的物业服务企业应当对管理区域内的共用消防设施进行维护管理，提供消防安全防范服务。

《高层民用建筑消防安全管理规定》

第十条 接受委托的高层住宅建筑的物业服务企业应当依法履行下列消防安全职责：

（一）落实消防安全责任，制定消防安全制度，拟订年度消防安全工作计划和组织保障方案；

（二）明确具体部门或者人员负责消防安全管理工作；

（三）对管理区域内的共用消防设施、器材和消防标志定期进行检测、维护保养，确保完好有效；

（四）组织开展防火巡查、检查，及时消除火灾隐患；

（五）保障疏散通道、安全出口、消防车通道畅通，对占用、堵塞、封闭疏散通道、安全出口、消防车通道等违规行为

第二章 火灾预防

予以制止；制止无效的，及时报告消防救援机构等有关行政管理部门依法处理；

（六）督促业主、使用人履行消防安全义务；

（七）定期向所在住宅小区业主委员会和业主、使用人通报消防安全情况，提示消防安全风险；

（八）组织开展经常性的消防宣传教育；

（九）制定灭火和应急疏散预案，并定期组织演练；

（十）法律、法规规定和合同约定的其他消防安全职责。

消防安全提示

由于本案中消防设施未经定期检查、疏散通道存在障碍物、居民消防意识薄弱、消防设施标识不清晰等问题的存在，当火灾发生时，部分共用消防设施无法正常使用，疏散通道被堵塞，居民缺乏正确的应对方法，造成了极大的安全隐患。该住宅小区失火的案例突出了小区物业公司未尽到维护共用消防设施职责所导致的危险情况。同时，也提醒其他类似的小区物业公司应当加强对共用消防设施的定期检查和维护，确保设施的有效性和可靠性，并督促居民增强消防意识，保障小区居民的人身和财产安全。

17. 居民能否在住宅小区自己家中经营小规模烟花？

情景再现

A市的某住宅小区是一个居住环境安静、规模较小的社区，居民大多为年轻人。为谋取利益，其中一位居民私自在家里经营小规模烟花，前来购买的也主要是该小区内的住户，大家也都习以为常。直到某天夜间，该居民入睡时仍长时间使用充电宝为手机充电，导致手机发生自燃，引发电线短路，并引燃了烟花，继而引发烟花相继爆炸，产生了较为严重的安全事故。经相关部门调查发现，导致本次安全事故的主要原因如下。

（1）私自经营烟花：其中一位居民在自己的住宅内私自制作和储存烟花爆竹，规模逐渐扩大。这种行为违反了法律法规，并且在居住环境密集的住宅小区内实施该行为存在安全隐患。

（2）无专业设施和控制措施：由于缺乏专业设施和控制措施，如防火墙、防爆设备等，居民在制作和储存烟花时没有有效地防止火灾或爆炸的发生。这给整个小区带来了安全风险。

（3）忽视周围居民的安全：这位居民在制作和储存烟花时未考虑到周围居民的安全，未与邻居协商或告知他们该行为的风险。一旦发生事故，将对整个小区的居民造成威胁。

（4）警惕性不足：其他居民对于居住环境内存在私自经营烟花的行为缺乏足够的警惕性，未及时向相关部门举报，也没有提醒该居民停止该行为，导致事态失控。

那么，居民能否在住宅小区家中经营小规模烟花？

依法解答

《中华人民共和国消防法》第十九条规定："生产、储存、经营易燃易爆危险品的场所不得与居住场所设置在同一建筑物内，并应当与居住场所保持安全距离。生产、储存、经营其他物品的场所与居住场所设置在同一建筑物内的，应当符合国家工程建设消防技术标准。"烟花系易燃易爆产品，其经营管理需要特殊场所，尤其要远离人群，避免因消防安全事故而造成人民群众生命财产损失。因此，居民不能在住宅小区自己家里经营小规模烟花。

法律依据

《中华人民共和国消防法》

第十九条 生产、储存、经营易燃易爆危险品的场所不得与居住场所设置在同一建筑物内，并应当与居住场所保持安全距离。

生产、储存、经营其他物品的场所与居住场所设置在同一建筑物内的，应当符合国家工程建设消防技术标准。

《烟花爆竹经营许可实施办法》

第十六条 零售经营者应当符合下列条件：

（一）符合所在地县级安全监管局制定的零售经营布点规划；

（二）主要负责人经过安全培训合格，销售人员经过安全知识教育；

（三）春节期间零售点、城市长期零售点实行专店销售。乡村长期零售点在淡季实行专柜销售时，安排专人销售，专柜相对独立，并与其他柜台保持一定的距离，保证安全通道畅通；

（四）零售场所的面积不小于10平方米，其周边50米范围内没有其他烟花爆竹零售点，并与学校、幼儿园、医院、集贸市场等人员密集场所和加油站等易燃易爆物品生产、储存设施等重点建筑物保持100米以上的安全距离；

（五）零售场所配备必要的消防器材，张贴明显的安全警示标志；

（六）法律、法规规定的其他条件。

消防安全提示

烟花爆竹的生产和存放安全风险较大，需要与居住场所保持安全距离，且零售烟花爆竹场所需配备必要的消防器材，保证安全。在住宅小区内经营烟花严重影响居民的生命健康和财产安全。小区居民应当增强安全意识，积极举报和抵制在住宅小区内非法经营、储存烟花爆竹的行为。同时，政府相关部门应加大执法力度，严格审批烟花爆竹的销售许可，确保零售点符合安全标准，远离居民区。通过多方共同努力，可以有效预防火灾和爆炸事故的发生，保障人民群众的生命财产安全，营造一个安全、祥和的居住环境。

18. 举办大型群众性活动时如何做好消防安全防护？

情景再现

某市举办了一场大型音乐节，吸引了数千名观众参与。然而，组织者没有充分考虑到消防安全防护问题，导致了一起安全事故。当晚，由于现场人流拥挤和缺乏有效的出口指示，火灾突发时观众无法迅速逃离现场。火势迅速蔓延，造成了人员伤亡和财产损失。调查显示，该音乐节组织者没有遵守消防安全规定。例如，组织者未能提供足够的灭火器及其他灭火设备，并没有进行适当的安全演练和制订紧急疏散计划。此外，组织者还在现场设置了过多易燃物品，如易燃装饰物和临时搭建的舞台结构。那么，举办大型群众性活动时如何做好消防安全防护呢？

依法解答

《中华人民共和国消防法》第二十条规定："举办大型群众性活动，承办人应当依法向公安机关申请安全许可，制定灭火和应急疏散预案并组织演练，明确消防安全责任分工，确定消防安全管理人员，保持消防设施和消防器材配置齐全、完好有效，保证疏散通道、安全出口、疏散指示标志、应急照明和消防车通道符合消防技术标准和管理规定。"《消防监督检查规定》第十二条规定："在大型群众性活动举办前对活动现场进行消防安全检查，应当重点检查下列内容：（一）室内活动使用的建筑物（场所）是否依法通过消防验收或者进行竣工验收消防备案，公众聚集场所是否通过使用、营业前的消防安全检查；（二）临时搭建的建筑物是否符合消防安全要求；（三）是否制定灭火和应急疏散预案并组织演练；（四）是否明确消防安全责任分工并确定消防安全管理人员；（五）活动现场消防设施、器材是否配备齐全并完好有效；（六）活动现场的疏散通道、安全出口和消防车通道是否畅通；（七）活动现场的疏散指示标志和应急照明是否符合消防技术标准并完好有效。"所以，举办大型活动，应经公安机关许可，公安机关消防机构和公安派出所应当在活动举办前进行消防安全检查，活动承办人应制定灭火和应急疏散预案并组织演练，明确消防安全分工，确定消防安全管理人员，并确保相应的消防设施齐全、完善。

法律依据

《中华人民共和国消防法》

第二十条 举办大型群众性活动，承办人应当依法向公安机关申请安全许可，制定灭火和应急疏散预案并组织演练，明确消防安全责任分工，确定消防安全管理人员，保持消防设施和消防器材配置齐全、完好有效，保证疏散通道、安全出口、疏散指示标志、应急照明和消防车通道符合消防技术标准和管理规定。

《消防监督检查规定》

第十二条 在大型群众性活动举办前对活动现场进行消防安全检查，应当重点检查下列内容：

（一）室内活动使用的建筑物（场所）是否依法通过消防验收或者进行竣工验收消防备案，公众聚集场所是否通过使用、营业前的消防安全检查；

（二）临时搭建的建筑物是否符合消防安全要求；

（三）是否制定灭火和应急疏散预案并组织演练；

（四）是否明确消防安全责任分工并确定消防安全管理人员；

（五）活动现场消防设施、器材是否配备齐全并完好有效；

（六）活动现场的疏散通道、安全出口和消防车通道是否畅通；

（七）活动现场的疏散指示标志和应急照明是否符合消防技术标准并完好有效。

消防安全提示

这次音乐节的安全事故暴露了举办大型群众性活动时忽视消防安全防护的严重后果。为避免类似事件再次发生，当地政府加强了对大型活动的监管措施，并对违反消防安全规定的组织者进行了处罚。该音乐节的案例再次提醒我们在举办大型群众性活动时必须充分重视消防安全。只有制订和执行有效的消防安全计划，确保人员疏散通道畅通、提供足够的灭火设备以及组织适时的紧急演练，才能最大限度地降低事故的风险，保护参与者的安全。

19. 从事电焊、气焊工作是否需要持证上岗？

情景再现

在某建筑工地上，一名工人负责进行电焊作业。由于缺乏专业知识和技能，他在进行焊接作业时使用不当的技术和设备，意外引发了火灾。火势迅速蔓延，并对周围的工地设施、设备以及其他工人造成了较大的威胁。紧急情况下，其他工人被迫撤离现场，并立即报警求助。调查显示，该名工人并没有经过正规的培训和资格认证。工地管理者没有严格执行安全规定，未对员工的证书和培训情况进行核实和监管。那么，从事电焊、气焊工作是否需要持证上岗？

依法解答

《中华人民共和国消防法》第二十一条规定:"禁止在具有火灾、爆炸危险的场所吸烟、使用明火。因施工等特殊情况需要使用明火作业的,应当按照规定事先办理审批手续,采取相应的消防安全措施;作业人员应当遵守消防安全规定。进行电焊、气焊等具有火灾危险作业的人员和自动消防系统的操作人员,必须持证上岗,并遵守消防安全操作规程。"《中华人民共和国安全生产法》第三十条规定:"生产经营单位的特种作业人员必须按照国家有关规定经专门的安全作业培训,取得相应资格,方可上岗作业。特种作业人员的范围由国务院应急管理部门会同国务院有关部门确定。"《特种作业人员安全技术培训考核管理规定》第五条规定:"特种作业人员必须经专门的安全技术培训并考核合格,取得《中华人民共和国特种作业操作证》(以下简称特种作业操作证)后,方可上岗作业。"电焊、气焊工作属于明火作业范围,对从业者有较高的专业技能要求,是特种作业,可以通过准入式管理体现对从业者专业技能的要求。因此,从事电焊、气焊工作的特种作业人员,必须持证上岗。

法律依据

《中华人民共和国消防法》

第二十一条 禁止在具有火灾、爆炸危险的场所吸烟、使用明火。因施工等特殊情况需要使用明火作业的,应当按照规定事先办理审批手续,采取相应的消防安全措施;作业人员应当遵守消防安全规定。

进行电焊、气焊等具有火灾危险作业的人员和自动消防系统的操作人员，必须持证上岗，并遵守消防安全操作规程。

《中华人民共和国安全生产法》

第三十条 生产经营单位的特种作业人员必须按照国家有关规定经专门的安全作业培训，取得相应资格，方可上岗作业。

特种作业人员的范围由国务院应急管理部门会同国务院有关部门确定。

《特种作业人员安全技术培训考核管理规定》

第五条 特种作业人员必须经专门的安全技术培训并考核合格，取得《中华人民共和国特种作业操作证》（以下简称特种作业操作证）后，方可上岗作业。

消防安全提示

合格的电焊工、气焊工拥有必要的知识和技能来确保焊接过程的安全和质量，没有持证上岗的工人可能缺乏正确的操作技巧、对专业知识了解不足或未能正确评估潜在的风险。为了保障工人和公共安全，建筑工地管理者应该确保每位从事电焊、气焊工作的员工都经过正规培训并持有相关的工作证书。此外，也应该加强对工人的管理和培训，并提供必要的安全设备和措施来预防潜在的危险和事故的发生。

20. 储存易燃易爆气体和液体的充装站、供应站、调压站，应当设置在什么位置？

情景再现

某市的一家易燃易爆气体和液体充装站由于设置不合理，发生了一起事故。本案中，充装站的储存设施没有进行适当的隔离和防护。易燃易爆气体和液体的储存容器与其他非相关设备过于接近，且没有防火墙或保护措施来防止火势扩散，突发的火灾迅速蔓延并引发了爆炸。由于充装站附近没有足够的安全距离，周围的建筑物和附近居民受到了较大影响。爆炸造成了一定范围的火灾以及财产损失。调查结果显示，充装站的管理者没有遵循相关的安全规定和标准。他们未能对储存设施进行必要的隔离和防护，也没有进行充分的风险评估。此外，他们还忽视了监测和维护设备的重要性，导致事故发生后无法及时控制火势。那么，储存易燃易爆气体和液体的充装站、供应站、调压站，应当设置在什么位置？

依法解答

《中华人民共和国消防法》第二十二条规定："生产、储存、装卸易燃易爆危险品的工厂、仓库和专用车站、码头的设置，应当符合消防技术标准。易燃易爆气体和液体的充装站、供应站、调压站，应当设置在符合消防安全要求的位置，并符合防火防爆要求。已经设置的生产、储存、装卸易燃易爆危险品的工厂、仓库和专用车站、码头，易燃易爆气体和液体的充装站、供应站、调压站，不再符合前款规定的，地方人民政府应当组织、协调有关部门、单位限期解决,消除安全隐患。"易燃易爆气体和液体的充装站、供应站、调压站具有潜在的高度危险,一旦燃爆,其危害波及范围较大,为保护人民群众生命财产安全,同时降低燃爆风险,其设置场所应符合消防技术标准。因此,储存易燃易爆气体和液体的充装站、供应站、调压站,应当设置在符合消防安全要求的位置。

法律依据

《中华人民共和国消防法》

第二十二条 生产、储存、装卸易燃易爆危险品的工厂、仓库和专用车站、码头的设置,应当符合消防技术标准。易燃易爆气体和液体的充装站、供应站、调压站,应当设置在符合消防安全要求的位置,并符合防火防爆要求。

已经设置的生产、储存、装卸易燃易爆危险品的工厂、仓库和专用车站、码头,易燃易爆气体和液体的充装站、供应站、调压站,不再符合前款规定的,地方人民政府应当组织、协调有关部门、单位限期解决,消除安全隐患。

消防安全提示

在储存和处理易燃易爆物品时,必须严格遵守相关的安全规定和标准。这包括适当的隔离、防护和安全距离,以及使用有效的监测设备和消防系统。同时,组织者应该进行全面的风险评估,并确保员工接受必要的培训和指导,以应对紧急情况并采取适当的措施。

21. 能否携带易燃易爆危险品进入公共场所或者乘坐公共交通工具？

情景再现

王某携带装有 300ml 松香水（含苯类易燃成分）的金属罐进入某市大型购物中心，意图使用该液体清洁私人物品。通过入口安检时，安保人员依照规定，要求其开包检查，发现金属罐外包装无危险标识且未申报。王某拒绝交出物品并试图强行闯入，安保人员迅速启动应急预案将其控制，并移交公安机关处理。请问，个人能否携带易燃易爆危险品进入公共场所？

依法解答

《中华人民共和国消防法》第二十三条规定："生产、储存、运输、销售、使用、销毁易燃易爆危险品，必须执行消防技术标准和管理规定。进入生产、储存易燃易爆危险品的场所,必须执行消防安全规定。禁止非法携带易燃易爆危险品进入公共场所或者乘坐公共交通工具。储存可燃物资仓库的管理,必须执行消防技术标准和管理规定。"公共场所与公共交通工具是人群较为集中的地方,易燃易爆产品因其较高安全隐患,极容易对人民群众生命安全造成直接伤害。因此,不能携带易燃易爆危险品进入公共场所或者乘坐公共交通工具。

法律依据

《中华人民共和国消防法》

第二十三条 生产、储存、运输、销售、使用、销毁易燃易爆危险品,必须执行消防技术标准和管理规定。

进入生产、储存易燃易爆危险品的场所,必须执行消防安全规定。禁止非法携带易燃易爆危险品进入公共场所或者乘坐公共交通工具。

储存可燃物资仓库的管理,必须执行消防技术标准和管理规定。

消防安全提示

携带易燃易爆危险品进入公共场所或乘坐公共交通工具极易引发火灾、爆炸等安全事故,严重威胁公民的生命财产安全。本案中,购物中心安保人员认真负责,成功控制了携带易燃易爆品强行进入的人员,避免了火灾隐患,其做法值得肯定。同时,该案例也警示我们,安全无小事,防患于未然至关重要。

购物中心等人员密集场所应加强安保力量,提高安保人员的警惕性和应急处置能力。广大群众要增强安全意识,不携带易燃易爆危险品进入公共场所,发现可疑情况及时向警方或安保人员报告。

22. 新研制的尚未制定国家标准、行业标准的消防产品,需要满足什么条件才可以生产、销售、使用?

情景再现

某公司开发了一种全新的自动灭火装置,声称能够在火灾发生时快速响应并有效扑灭火源。在某次演示活动中,该公司与当地消防救援局合作,决定在消防救援局的试验场进行演示。公司代表向消防救援局展示了这款新研制的自动灭火装置的工作原理和效果。然而,在演示过程中,该自动灭火装置并未达到预期效果。当演示人员触发火灾模拟器时,装置没有迅速响应,且无法成功扑灭火源。经过专业测试和评估后,发现该装置未满足相关消防安全标准和技术要求。一些关键部件设计存在缺陷,导致无法有效扑灭火源。消防救援局邀请了相关专家对新研制的设备进行审核,并将结果反馈给开发公司。该公司被要求重新改进产品设计,经充分试验和测试才能推向市场。那么,新研制的尚未制定国家标准、行业标准的消防产品,需要满足什么条件才可以生产、销售、使用?

依法解答

《中华人民共和国消防法》第二十四条规定:"消防产品必

须符合国家标准；没有国家标准的，必须符合行业标准。禁止生产、销售或者使用不合格的消防产品以及国家明令淘汰的消防产品。依法实行强制性产品认证的消防产品，由具有法定资质的认证机构按照国家标准、行业标准的强制性要求认证合格后，方可生产、销售、使用。实行强制性产品认证的消防产品目录，由国务院产品质量监督部门会同国务院应急管理部门制定并公布。新研制的尚未制定国家标准、行业标准的消防产品，应当按照国务院产品质量监督部门会同国务院应急管理部门规定的办法，经技术鉴定符合消防安全要求的，方可生产、销售、使用。依照本条规定经强制性产品认证合格或者技术鉴定合格的消防产品，国务院应急管理部门应当予以公布。"《消防产品监督管理规定》第九条规定："新研制的尚未制定国家标准、行业标准的消防产品，经消防产品技术鉴定机构技术鉴定符合消防安全要求的，方可生产、销售、使用。消防安全要求由公安部制定。消防产品技术鉴定机构应当具备国家认证认可监督管理委员会依法认定的向社会出具具有证明作用的数据和结果的消防产品实验室资格或者从事消防产品合格评定活动的认证机构资格。消防产品技术鉴定机构名录由公安部公布。公安机关消防机构和认证认可监督管理部门按照各自职责对消防产品技术鉴定机构进行监督。公安部会同国家认证认可监督管理委员会参照消防产品认证机构和实验室管理工作规则，制定消防产品技术鉴定工作程序和规范。"合格的消防产品是消防安全的保障，为避免消防产品良莠不齐，影响消防安全，对消防产品实行标准化管理非常必要，也是对人民群众生命财产安全负责任的表现。所以，消防产品必须符合国家标准；没有国家标准的，必须符合行业标准。新研制的尚未制定国家标准、行业标准的消防产品，经消防产品技术鉴定机构技术鉴定符合消防安全要求的，方可生产、销售、使用。

法律依据

《中华人民共和国消防法》

第二十四条 消防产品必须符合国家标准；没有国家标准的，必须符合行业标准。禁止生产、销售或者使用不合格的消防产品以及国家明令淘汰的消防产品。

依法实行强制性产品认证的消防产品，由具有法定资质的认证机构按照国家标准、行业标准的强制性要求认证合格后，方可生产、销售、使用。实行强制性产品认证的消防产品目录，由国务院产品质量监督部门会同国务院应急管理部门制定并公布。

新研制的尚未制定国家标准、行业标准的消防产品，应当按照国务院产品质量监督部门会同国务院应急管理部门规定的办法，经技术鉴定符合消防安全要求的，方可生产、销售、使用。

依照本条规定经强制性产品认证合格或者技术鉴定合格的消防产品，国务院应急管理部门应当予以公布。

《消防产品监督管理规定》

第九条 新研制的尚未制定国家标准、行业标准的消防产品，经消防产品技术鉴定机构技术鉴定符合消防安全要求的，方可生产、销售、使用。消防安全要求由公安部制定。

消防产品技术鉴定机构应当具备国家认证认可监督管理委员会依法认定的向社会出具具有证明作用的数据和结果的消防产品实验室资格或者从事消防产品合格评定活动的认证机构资格。消防产品技术鉴定机构名录由公安部公布。

公安机关消防机构和认证认可监督管理部门按照各自职责对消防产品技术鉴定机构进行监督。

公安部会同国家认证认可监督管理委员会参照消防产品认证机构和实验室管理工作规则，制定消防产品技术鉴定工作程序和规范。

消防安全提示

在研制和推出新的消防产品时，必须严格遵守相关安全标准和技术要求。只有符合规定的产品才能确保在火灾发生时可靠地发挥作用，而不是带来更大的危险。同时，公众也应提高辨别能力，选择、使用经过认证和验证的消防产品，以确保个人和公共安全。

23. 对人员密集场所的室内装修、装饰，有什么消防要求？

情景再现

某市一商场为提升顾客体验，正在进行内部装修升级，装修工人在商场二楼进行墙面油漆作业，现场存放有大量油漆桶和稀释剂，为降低装修成本，使用的油漆防火性能并未达到国家标准。由于天气炎热，施工现场通风不良，油漆挥发产生的可燃气体在空气中积聚。一名工人违规在施工现场吸烟，未熄灭的烟头引燃了空气中的可燃气体，引发爆燃。商场工作人员发现火情后立即报警，并组织人员疏散。消防部门接警后迅速赶到现场，扑灭大火。那么，对人员密集场所的室内装修、装饰，有什么消防要求？

依法解答

《中华人民共和国消防法》第二十六条规定："建筑构件、建筑材料和室内装修、装饰材料的防火性能必须符合国家标准；没有国家标准的，必须符合行业标准。人员密集场所室内装修、装饰，应当按照消防技术标准的要求，使用不燃、难燃材料。"人员密集场所对于消防安全有较高要求与技术标准，如果其室内装修材料是易燃产品，不仅其易燃性容易导致火灾，而且在发生火灾时容易助燃，进而极大地威胁人民群众生命财产安全。即便是普通场所，如果装修装饰材料具有易燃性，也将增加火灾风险。因此，人员密集的室内装修的建筑材料、装饰材料必须符合国家标准，没有国家标准的要符合行业标准。

法律依据

《中华人民共和国消防法》

第二十六条 建筑构件、建筑材料和室内装修、装饰材料的防火性能必须符合国家标准；没有国家标准的，必须符合行业标准。

人员密集场所室内装修、装饰，应当按照消防技术标准的要求，使用不燃、难燃材料。

《高层民用建筑消防安全管理规定》

第十四条 高层民用建筑施工期间，建设单位应当与施工单位明确施工现场的消防安全责任。施工期间应当严格落实现场防范措施，配置消防器材，指定专人监护，采取防火分隔措施，不得影响其他区域的人员安全疏散和建筑消防设施的正常使用。

高层民用建筑的业主、使用人不得擅自变更建筑使用功能、改变防火防烟分区，不得违反消防技术标准使用易燃、可燃装修装饰材料。

消防安全提示

人员密集场所装修施工，火灾风险较高，必须高度重视消防安全，采取必要的预防措施，诸如合理安排施工时间，充分隔离施工区域，确保施工材料的安全性，严格管控油漆等易燃易爆危险品，使用符合国家标准或行业标准的装修材料，并存放在阴凉通风处，远离火源和热源，等等。只有严格落实消防安全责任，确保各项安全措施落实到位，才能保障人员密集场所装修过程中的消防安全。

24. 个人能否随意安装电器产品、燃气用具？

情景再现

在某小区的一户居民家中，居民小张购买了一台二手空调，并决定自行安装。小张对电器安装并不了解，但其没有请专业人员进行安装，而是凭着自己的理解和一些视频教程进行操作。在安装过程中，小张错误地连接了空调的电源线。然而，他并没有意识到这个问题，并继续进行其他安装步骤。在完成所有安装工作后，小张开启了空调。刚开始，一切看似正常，但没过多久，家中突然传来一阵烧焦的味道。小张赶紧跑到客厅，发现空调已经冒出浓烟，并且火苗正从其周围蔓延开来。那么，个人能否随意安装使用电器产品、燃气用具呢？

依法解答

《中华人民共和国消防法》第二十七条规定："电器产品、燃气用具的产品标准，应当符合消防安全的要求。电器产品、燃气用具的安装、使用及其线路、管路的设计、敷设、维护保养、检测，必须符合消防技术标准和管理规定。"根据《高层民用建筑消防安全管理规定》第十六条及第十七条的规定，高层民用建筑业主、使用人或者消防服务单位，应当安排专业机构或者电工定期对管理区域内由其管理的电器设备及线路进行检查，禁止违反燃气安全使用规定，擅自安装、改装、拆除燃气设备和用具。电器产品、燃气用具对安全用电、用火有较高要求，对安装也有较高要求，个人因通常不具有全面专业的消防安全知识而不能满足安装要求。因此，个人不能随意安装电器产品、燃气用具，应当安排专业人员进行安装和定期检修，电器产品、燃气用具的安装使用及其线路敷设、维护保养和检测应当符合消防技术标准及管理规定。

法律依据

《中华人民共和国消防法》

第二十七条　电器产品、燃气用具的产品标准，应当符合消防安全的要求。

电器产品、燃气用具的安装、使用及其线路、管路的设计、敷设、维护保养、检测，必须符合消防技术标准和管理规定。

《高层民用建筑消防安全管理规定》

第十六条　高层民用建筑内电器设备的安装使用及其线路敷设、维护保养和检测应当符合消防技术标准及管理规定。

高层民用建筑业主、使用人或者消防服务单位，应当安排专业机构或者电工定期对管理区域内由其管理的电器设备及线路进行检查；对不符合安全要求的，应当及时维修、更换。

第十七条　高层民用建筑内燃气用具的安装使用及其管路敷设、维护保养和检测应当符合消防技术标准及管理规定。禁止违反燃气安全使用规定，擅自安装、改装、拆除燃气设备和用具。

高层民用建筑使用燃气应当采用管道供气方式。禁止在高层民用建筑地下部分使用液化石油气。

《城镇燃气管理条例》

第二十八条 燃气用户及相关单位和个人不得有下列行为：

（一）擅自操作公用燃气阀门；

（二）将燃气管道作为负重支架或者接地引线；

（三）安装、使用不符合气源要求的燃气燃烧器具；

（四）擅自安装、改装、拆除户内燃气设施和燃气计量装置；

（五）在不具备安全条件的场所使用、储存燃气；

（六）盗用燃气；

（七）改变燃气用途或者转供燃气。

消防安全提示

正确使用电器是预防电器火灾的关键。首先，应当请专业人员按照电器的使用说明进行正确操作，不得随意更改电器的电源线、插头等部件。其次，要避免使用过载的电器设备，不要将多个大功率电器插在同一个插座上使用。此外，要定期检查电器的电源线和插头，避免出现老化、断裂等问题。

25. 消防设施、器材能否挪用、擅自拆除、停用？

情景再现

以下是三个随意损坏、挪用消防设施、器材的案例：（1）某公司员工将公共办公室内的灭火器挪到自己的办公室。结果，当公共办公室发生火灾时，由于没有可用的灭火器，火势迅速蔓延，造成了财产损失。（2）某小区的消火栓被人恶意损坏，使小区内的消防水源无法正常使用。当发生火灾时，消防队员无法及时补给水源，火势无法得到有效控制，造成了人员伤亡。(3) 某物流仓库的自动喷水灭火系统被人为拆除，当仓库发生火灾时，喷水系统无法自动启动，火势迅速蔓延，造成了较大的财产损失。那么，消防设施、器材能否挪用、擅自拆除、停用呢？

依法解答

《中华人民共和国消防法》第二十八条规定："任何单位、个人不得损坏、挪用或者擅自拆除、停用消防设施、器材，不得埋压、圈占、遮挡消火栓或者占用防火间距，不得占用、堵塞、封闭疏散通道、安全出口、消防车通道。人员密集场所的门窗不得设置影响逃生和灭火救援的障碍物。"消防设施、器材是应对消防事故、保护生命财产安全的重要防线，其安装、布置具有相应技术要求，私自挪用、拆除可能会在火灾发生时无法及时扑救，危及生命财产安全。因此，任何单位、个人都不得挪用、擅自拆除、停用消防设施、器材。

法律依据

《中华人民共和国消防法》

第二十八条　任何单位、个人不得损坏、挪用或者擅自拆除、停用消防设施、器材，不得埋压、圈占、遮挡消火栓或者占用防火间距，不得占用、堵塞、封闭疏散通道、安全出口、消防车通道。人员密集场所的门窗不得设置影响逃生和灭火救援的障碍物。

📖 消防安全提示

消防设施、器材是保障生命财产安全的重要防线，任何单位和个人都不得挪用、擅自拆除、停用。随意损坏、挪用消防器材会给消防安全造成无法估量的后果。发现消防设施、器材损坏，应立即报告相关部门进行维修，共同维护消防安全。

26. 能否因美观问题遮挡消火栓？

🎬 情景再现

某商场为了提升整体环境美观度，在装修时对部分消火栓进行了"美化"处理，用装饰画、绿植等物品对其进行遮挡，使其与周围装饰风格融为一体。一日，该商场某店铺因电气线路故障引发火灾，当消防队员赶到现场时，无法找到可用的消火栓来供水灭火，只能另找水源进行扑救，延误了宝贵的救援时间，导致火势蔓延，造成更严重的损失。请问，能否因美观问题遮挡消火栓？

⚖️ 依法解答

《中华人民共和国消防法》第二十八条规定："任何单位、个人不得损坏、挪用或者擅自拆除、停用消防设施、器材，不得埋压、圈占、遮挡消火栓或者占用防火间距，不得占用、堵塞、封闭疏散通道、安全出口、消防车通道。人员密集场所的门窗不得设置影响逃生和灭火救援的障碍物。"消火栓是消防用水取水口，其设置有严格要求，对于及时、就近取水扑灭火情意义重大，因为美观而遮挡消火栓，容易导致火情发生时错失消防良机。因此，任何人都不能因为美观而遮挡消火栓。

法律依据

《中华人民共和国消防法》

第二十八条 任何单位、个人不得损坏、挪用或者擅自拆除、停用消防设施、器材，不得埋压、圈占、遮挡消火栓或者占用防火间距，不得占用、堵塞、封闭疏散通道、安全出口、消防车通道。人员密集场所的门窗不得设置影响逃生和灭火救援的障碍物。

消防安全提示

遮挡消火栓是危险且违法的行为。保持消火栓周围的通畅空间对及时应对火灾并提供灭火水源至关重要。所有的建筑物和企业都应该确保消火栓的可见性和可及性，以便在紧急情况下能够快速启用消火栓进行灭火。任何遮挡消火栓的行为都可能导致严重后果。

27. 能否占用疏散通道、安全出口、消防车通道？

情景再现

在一家大型商场的特卖活动期间，由于人流拥挤和货物堆放不当，疏散通道和安全出口被摆放的货物堵塞。突发火灾时，店内的疏散通道无法使用，导致人们无法顺利逃离。那么，能否占用疏散通道、安全出口、消防车通道？

依法解答

《中华人民共和国消防法》第二十八条规定："任何单位、个人不得损坏、挪用或者擅自拆除、停用消防设施、器材，不得埋压、圈占、遮挡消火栓或者占用防火间距，不得占用、堵塞、封闭疏散通道、安全出口、消防车通道。人员密集场所的门窗不得设置影响逃生和灭火救援的障碍物。"疏散通道是火灾发生时群众逃离火灾现场的通道，安全出口是指引群众逃离火灾现场的安全方向，消防车通道是火灾发生时消防救援机构进场救援的通道，任何占用行为都会危及人民群众的生命安全。因此，不能占用疏散通道、安全出口、消防车通道。

法律依据

《中华人民共和国消防法》

第二十八条 任何单位、个人不得损坏、挪用或者擅自拆除、停用消防设施、器材，不得埋压、圈占、遮挡消火栓或者占用防火间距，不得占用、堵塞、封闭疏散通道、安全出口、消防车通道。人员密集场所的门窗不得设置影响逃生和灭火救援的障碍物。

消防安全提示

占用疏散通道和堵塞安全出口是危险且违法的行为。疏散通道和安全出口的畅通是保证人们在紧急情况下能够快速、安全地撤离的关键。所有的建筑物和场所都应该确保疏散通道和安全出口的可用性，并遵守相关的消防和安全法规。任何单位或个人实施堵塞、封闭、占用疏散通道或安全出口行为，均违反《中华人民共和国消防法》第二十八条禁止性规定。严重影响应急疏散功能，妨碍消防救援工作的，行为人将依法受到行政处罚；构成犯罪的，依法追究刑事责任。因此，我们应该时刻保持警惕，确保逃生通道的畅通，以保障人们的生命安全。

28. 有关单位在修建道路以及停电、停水、截断通信线路时有可能影响消防队灭火救援的，应如何处理？

情景再现

某日下午，A市一男子家中突发火灾，随后A市消防队接警后立即组织人员进行救援，但是在前往火灾现场途中，因临近现场的路面尚未完成工程施工，导致消防救援通道不畅，消防救援人员不得不绕道进行救援。那么，有关单位在修建道路以及停电、停水、截断通信线路时有可能影响消防队灭火救援的，应如何处理？

依法解答

《中华人民共和国消防法》第二十九条规定："负责公共消防设施维护管理的单位，应当保持消防供水、消防通信、消防车通道等公共消防设施的完好有效。在修建道路以及停电、停水、截断通信线路时有可能影响消防队灭火救援的，有关单位必须事先通知当地消防救援机构。"所以，在修建道路以及停电、停水、截断通信线路时有可能影响消防队灭火救援的，相关单位应及时通知当地消防救援机构。

📝 法律依据

《中华人民共和国消防法》

第二十九条 负责公共消防设施维护管理的单位,应当保持消防供水、消防通信、消防车通道等公共消防设施的完好有效。在修建道路以及停电、停水、截断通信线路时有可能影响消防队灭火救援的,有关单位必须事先通知当地消防救援机构。

消防安全提示

各单位要切实做好预警工作,对修建道路可能发生停电、停水、截断通信线路的情况,要严密监测并及时报告,落实防范措施,进行经常性的检查和监督。在发生火灾或者有火灾发生的危险时,要提前通知当地的消防救援机构。

29. 在农业收获季节、森林和草原防火期间、重大节假日期间以及火灾多发季节,地方政府应尽到什么消防义务?

情景再现

某年,在农业收获季节,A市发生了一起火灾,对农田和农作物造成了严重破坏。整个夏季以来,该地区遭受了长时间的干旱天气,导致土地表面干燥。随着秋季的到来,农民开始进行小麦、玉米等主要农作物的收获工作,在此期间,气温持续升高至异常水平。由于长时间的干旱和高温天气,不知何故一场大火在农田中迅速爆发，火势蔓延迅速，造成多处农田起火。那么，在农业收获季节、森林和草原防火期间、重大节假日期间等火灾多发时间，地方政府应尽到什么消防义务？

依法解答

《中华人民共和国消防法》第三十一条规定："在农业收获季节、森林和草原防火期间、重大节假日期间以及火灾多发季节，地方各级人民政府应当组织开展有针对性的消防宣传教育，采取防火措施，进行消防安全检查。"所以，在农业收获季节等火灾多发时间，各地政府应有针对性地进行消防宣传教育、采取防火措施、进行安全检查。

法律依据

《中华人民共和国消防法》

第三十一条 在农业收获季节、森林和草原防火期间、重大节假日期间以及火灾多发季节，地方各级人民政府应当组织开展有针对性的消防宣传教育，采取防火措施，进行消防安全检查。

消防安全提示

农忙季节，火灾事故发生时，由于农田、农舍等比较密集，火势蔓延速度较快，增加了救援难度，并对救援工作提出了更高的要求。因此，要加强农村火灾应急救援队伍的建设，提高救援能力；要做好火灾事故的应急预案，明确各级各部门的职责,加强协调配合,确保火灾事故的迅速处置;要加强农村火灾事故的监测和统计工作。只有及时了解农村火灾事故的发生情况,才能有针对性地加强农村消防安全工作。要加强对农村火灾事故的监测和统计,及时发布火灾事故信息,推动农村消防安全工作的深入开展。

30. 村民委员会、居民委员会有什么消防义务?

情景再现

某老旧小区的走廊经常堆满杂物,影响居民日常生活。居民代表多次向居委会和物业公司反映相关情况,但居委会和物业公司不是置之不理就是仅简单地告知杂物主人有关情况,没有督促或者强制其清扫,居民对此苦不堪言。某日,一居民出门抽烟时,随手将未熄灭的烟头丢弃到了杂物堆中,杂物堆被引燃,随即起小火并冒起了烟,所幸及时赶来的消防队紧急救援并熄灭了火。请问,村民委员会、居民委员会有什么消防义务?

依法解答

《中华人民共和国消防法》第三十二条规定:"乡镇人民政府、城市街道办事处应当指导、支持和帮助村民委员会、居民委员会开展群众性的消防工作。村民委员会、居民委员会应当确定消防安全管理人,组织制定防火安全公约,进行防火安全检查。"居委会应履行其消防义务,在小区居民反映走廊堆积杂物等相关情况时及时协调解决，并按时检查消防设施的保养情况。乡镇人民政府、城市街道办事处也应当指导、支持和帮助村民委员会、居民委员会开展群众性的消防工作，及时监督其履行消防义务。

法律依据

《中华人民共和国消防法》

第三十二条　乡镇人民政府、城市街道办事处应当指导、支持和帮助村民委员会、居民委员会开展群众性的消防工作。村民委员会、居民委员会应当确定消防安全管理人，组织制定防火安全公约，进行防火安全检查。

消防安全提示

乡镇人民政府、城市街道办事处指导、支持、帮助村民委员会、居民委员会开展群众性的消防工作，村民委员会、居民委员会应积极配合推广群众性消防工作，增强广大人民群众消防安全意识。与此同时，村民委员会、居民委员会应积极履行消防义务，提高消防安全指数，降低消防安全风险。

31. 火灾公众责任保险是强制保险吗？

情景再现

某烟花爆竹生产厂储存方法失当，导致少量烟花爆竹燃烧并造成了小型火灾，经过消防队及时救援，虽然并未造成人员伤亡，但是导致了一定范围的财产损失。该烟花爆竹生产厂为小型工厂，虽然相关证件和许可齐全，但是并未投保火灾公众责任保险。那么请问，火灾公众责任保险是强制保险吗？

依法解答

火灾公众责任保险并非强制保险。《中华人民共和国消防法》第三十三条规定："国家鼓励、引导公众聚集场所和生产、储存、运输、销售易燃易爆危险品的企业投保火灾公众责任保险；鼓励保险公司承保火灾公众责任保险。"火灾公众责任险是指在保险有效期限内，被保险人在经营场所内依法从事生产、经营等活动时，一旦发生火灾、爆炸等事故造成第三者人身伤亡所引起的医疗费用和抚恤费用以及依法应由被保险人承担的民事赔偿责任，由保险公司在责任范围内向受害人提供赔偿的险种。所以，在本次事件中该地政府可以向该烟花爆竹生产厂介绍火灾公众责任保险，鼓励、引导该烟花爆竹生产厂以及公众聚集场所和生产、储存、运输、销售易燃易爆危险品的企业投保火灾公众责任保险，并且保险公司也应当积极承担社会责任，向公众提供火灾公众责任保险；国家鼓励保险公司承保火灾公众责任保险，是利用市场机制来解决公共场所火灾善后赔偿的手段。

法律依据

《中华人民共和国消防法》

第三十三条 国家鼓励、引导公众聚集场所和生产、储存、运输、销售易燃易爆危险品的企业投保火灾公众责任保险；鼓励保险公司承保火灾公众责任保险。

消防安全提示

火灾公众责任保险是运用市场机制加强火灾防范和消防管理的重要方式。国家、企业以及个人都应该重视火灾公众责任保险，国家鼓励火灾公众责任保险的推行，形成良好的社会氛围，为自己和他人的人身安全和财产安全添一份保障。

32. 法律对消防设施维护保养检测、消防安全评估等消防技术服务机构及执业人员有什么基本要求？

情景再现

在开展消防专项检查时，消防监督员发现辖区内有一家消防技术服务机构为社会单位开展自动消防设施维保等消防技术服务活动，但是其不具备法人资格（即达不到从业条件），该行为系违法行为，消防救援大队对该机构及其直接责任人进行立案调查。请问，法律对消防设施维护保养检测、消防安全评估等消防技术服务机构及执业人员有什么基本要求？

依法解答

《中华人民共和国消防法》第三十四条规定："消防设施维护保养检测、消防安全评估等消防技术服务机构应当符合从业条件，执业人员应当依法获得相应的资格；依照法律、行政法规、国家标准、行业标准和执业准则,接受委托提供消防技术服务,并对服务质量负责。"所以,在这起事件中,此消防技术服务机构不符合从业条件,不能为社会提供合格的消防技术服务也不能对消防技术服务质量负责,这是明显的违法行为,应当接受法律的处罚。

法律依据

《中华人民共和国消防法》

第三十四条 消防设施维护保养检测、消防安全评估等消防技术服务机构应当符合从业条件,执业人员应当依法获得相应的资格;依照法律、行政法规、国家标准、行业标准和执业准则,接受委托提供消防技术服务,并对服务质量负责。

《社会消防技术服务管理规定》

第五条 从事消防设施维护保养检测的消防技术服务机构,应当具备下列条件:

(一)取得企业法人资格;

(二)工作场所建筑面积不少于200平方米;

(三)消防技术服务基础设备和消防设施维护保养检测设备配备符合有关规定要求;

(四)注册消防工程师不少于2人,其中一级注册消防工程师不少于1人;

(五)取得消防设施操作员国家职业资格证书的人员不少于6人,其中中级技能等级以上的不少于2人;

(六)健全的质量管理体系。

第六条 从事消防安全评估的消防技术服务机构,应当具备下列条件:

(一) 取得企业法人资格;

(二) 工作场所建筑面积不少于100平方米;

(三) 消防技术服务基础设备和消防安全评估设备配备符合有关规定要求;

(四) 注册消防工程师不少于2人,其中一级注册消防工程师不少于1人;

(五) 健全的消防安全评估过程控制体系。

第七条 同时从事消防设施维护保养检测、消防安全评估的消防技术服务机构,应当具备下列条件:

(一) 取得企业法人资格;

(二) 工作场所建筑面积不少于200平方米;

(三) 消防技术服务基础设备和消防设施维护保养检测、消防安全评估设备配备符合规定的要求;

(四) 注册消防工程师不少于2人,其中一级注册消防工程师不少于1人;

(五) 取得消防设施操作员国家职业资格证书的人员不少于6人,其中中级技能等级以上的不少于2人;

(六) 健全的质量管理和消防安全评估过程控制体系。

消防安全提示

消防技术服务机构是依法从事消防产品技术鉴定、消防设施检测、电气防火技术检测、消防安全检测的专业技术服务机构,其主要职能是为社会各界提供系统化、全面化、专业化的消防安全管理,所以对资质、技术、运营等方面要求较高。消防技术服务机构的专业性必须得到法律认可,严格依法规范执业行为。广大消防技术服务机构,应该认真学习消防法律法规,并严格执行法律法规的相关要求,加强企业自我管理,逐渐形成行业自律风气,不断提升服务水平,为社会提供更高质量的消防技术服务。

第三章
消防组织

33. 哪些单位应该建立单位专职消防队？

情景再现

某公司是以大批量生产和存储纺织物品为主营业务的大型企业，其工厂位于远离市中心的城郊地区，且占地面积很大。该公司主管领导担忧储存纺织物品较多容易发生火灾，且由于远离消防队无法得到及时救援，打算建立单位专职消防队。请问，哪些单位应该建立单位专职消防队？

依法解答

《中华人民共和国消防法》第三十九条规定："下列单位应当建立单位专职消防队，承担本单位的火灾扑救工作：（一）大型核设施单位、大型发电厂、民用机场、主要港口；（二）生产、储存易燃易爆危险品的大型企业；（三）储备可燃的重要物资的大型仓库、基地；（四）第一项、第二项、第三项规定以外的火灾危险性较大、距离国家综合性消防救援队较远的其他大型企业；（五）距离国家综合性消防救援队较远、被列为全国重点文物保护单位的古建筑群的管理单位。"所以，在这次事件中，该大型公司储存的是易燃的纺织品，且远离市区、远离消防救援机构，其应该根据《中华人民共和国消防法》规定建立单位专职救援队，承担单位的火灾扑救工作，防患于未然。

法律依据

《中华人民共和国消防法》

第三十九条 下列单位应当建立单位专职消防队,承担本单位的火灾扑救工作:

(一)大型核设施单位、大型发电厂、民用机场、主要港口;

(二)生产、储存易燃易爆危险品的大型企业;

(三)储备可燃的重要物资的大型仓库、基地;

(四)第一项、第二项、第三项规定以外的火灾危险性较大、距离国家综合性消防救援队较远的其他大型企业;

(五)距离国家综合性消防救援队较远、被列为全国重点文物保护单位的古建筑群的管理单位。

消防安全提示

符合条件的企业、事业单位及大型基础设施管理单位应当依法组建专职消防队,提高自身防火、救火的能力,更好地保障人身和财产安全。

34. 专职消防队的建立是否需要验收?

情景再现

某古建筑群是全国重点文物保护单位,考虑到古建筑群距离国家综合性消防救援队较远,其管理单位打算建立单位专职消防队,承担本单位的火灾扑救工作。该单位成立单位专职消防队后,该地区消防救援机构相关人员来巡查时发现,该单位成立的单位专职消防队没有主动报备也没有被消防救援机构验收过。消防救援机构相关人员询问为何该单位的专职消防队没有被验收就投入使用,该单位相关负责人含糊其词。与此同时,该地区消防救援机构还发现该单位没有给其成立的专职消防队成员缴纳社会保险。请问,专职消防队的建立是否需要验收?

依法解答

根据《中华人民共和国消防法》第四十条规定:"专职消防队的建立,应当符合国家有关规定,并报当地消防救援机构验收。专职消防队的队员依法享受社会保险和福利待遇。"所以,在这次事件中,该单位的专职消防队不符合《中华人民共和国消防法》有关规定,没有被当地消防救援机构验收,不能成立和使用。专职消防队的队员享受社会保险和福利待遇同样是被《中华人民共和国消防法》所规定的,该单位没有为其成立的专职消防队的队员缴纳社会保险违反了法律。该单位的行为严重违法,要受到相应的处罚。

法律依据

《中华人民共和国消防法》

第四十条 专职消防队的建立,应当符合国家有关规定,并报当地消防救援机构验收。

专职消防队的队员依法享受社会保险和福利待遇。

消防安全提示

专职消防队是指由政府、企业、事业单位或其他组织依法组建，以火灾扑救、应急救援和消防安全管理为主要职责的专业化、全职化消防队伍。地方性立法对专职消防队进行了细化规定。如《广东省专职消防队建设管理规定》第二条规定，专职消防队包括政府专职消防队和单位专职消防队。政府专职消防队由各级人民政府、街道办事处按照规定建立，单位专职消防队由企业事业单位按照规定建立。建立专职消防队，要符合国家相关规定，且要经当地的消防救援机构验收合格后才能正式成立。专职消防队员依法享受社会保险和福利待遇，单位要为其缴纳社会保险。

35. 哪些单位可以根据需要建立志愿消防队？

情景再现

某社区位于城中村，该区域内多为自建房，带经营性质的自建房和群租房数量众多，常住人口较多且人口流动量大，导致周边没有消防水源也没有区域布置相关消防器材，路窄且多杂物导致消防车辆无法通行，所以该区域内火灾隐患较大，小型火灾频发。为了解决这种情况，在社区党支部书记的带领下，该社区号召居民组建了一支志愿消防队，并且该小区一居民无偿提供沿街门面设置志愿消防队站点，同时在社区内增设了市政消火栓，为灭火救援提供了水源保障。请问，哪些单位可以根据需要建立志愿消防队？

依法解答

《中华人民共和国消防法》第四十一条规定:"机关、团体、企业、事业等单位以及村民委员会、居民委员会根据需要,建立志愿消防队等多种形式的消防组织,开展群众性自防自救工作。"结合《中华人民共和国突发事件应对法》第三十九条的规定,在这次事件中该社区通过组建志愿消防队来防火救火,改善了区域内火灾频发、消防环境差的情况,提高了居民的生活幸福感和安全系数。志愿消防队是开展灾害预防、灾害自救和保障人民群众生命安全、财产安全的一种重要手段,也是群众自我防范、自我保护的重要途径。符合条件的相关单位可以根据需要建立志愿消防队开展防灾救灾工作。

法律依据

《中华人民共和国消防法》

第四十一条 机关、团体、企业、事业等单位以及村民委员会、居民委员会根据需要,建立志愿消防队等多种形式的消防组织,开展群众性自防自救工作。

《中华人民共和国突发事件应对法》

第三十九条 国家综合性消防救援队伍是应急救援的综合性常备骨干力量,按照国家有关规定执行综合应急救援任务。县级以上人民政府有关部门可以根据实际需要设立专业应急救援队伍。

县级以上人民政府及其有关部门可以建立由成年志愿者组

成的应急救援队伍。乡级人民政府、街道办事处和有条件的居民委员会、村民委员会可以建立基层应急救援队伍，及时、就近开展应急救援。单位应当建立由本单位职工组成的专职或者兼职应急救援队伍。

国家鼓励和支持社会力量建立提供社会化应急救援服务的应急救援队伍。社会力量建立的应急救援队伍参与突发事件应对工作应当服从履行统一领导职责或者组织处置突发事件的人民政府、突发事件应急指挥机构的统一指挥。

县级以上人民政府应当推动专业应急救援队伍与非专业应急救援队伍联合培训、联合演练，提高合成应急、协同应急的能力。

消防安全提示

志愿消防队是以志愿人员为主，自愿、无偿从事灭火救援和群众性自防自救工作的志愿服务组织，具有鲜明的社会公益属性，是公安消防队和专职消防队的重要补充，在预防和扑救火灾方面发挥着积极作用。志愿消防队是一支群众性的、不脱产的、遍布城乡的重要消防基础力量，是群众性自防自救活动的主要形式。机关、团体、企业、事业等单位以及村民委员会、居民委员会如遇火灾可以通过志愿消防队进行自救。

36. 消防救援机构能否调动指挥专职消防队参加火灾扑救工作?

情景再现

某市某区的一座小型商场内的打印店因为值班人员错误操作机器引发火灾,由于打印店内多有纸张、油墨和机器设备等易燃物品,火势迅速蔓延开来。该值班人员见火势无法控制后便拨打了火警电话,消防救援机构赶来后及时进行扑救,因为同区另一地点同样发生火灾,该区消防救援机构双线作战,人手、装备不足,消防救援机构负责人当机立断要求同区一家企业的专职消防队参与此次的火灾扑救。请问,消防救援机构能否调动指挥专职消防队参加火灾扑救工作?

依法解答

《中华人民共和国消防法》第四十二条规定:"消防救援机构应当对专职消防队、志愿消防队等消防组织进行业务指导;根据扑救火灾的需要,可以调动指挥专职消防队参加火灾扑救工作。"所以,在这次事件中,消防救援机构根据现场火情,在人手、装备不足的情况下,调动指挥专职消防队参加火灾扑救工作是完全可以的。

法律依据

《中华人民共和国消防法》

第三十七条 国家综合性消防救援队、专职消防队按照国家规定承担重大灾害事故和其他以抢救人员生命为主的应急救援工作。

第三十八条 国家综合性消防救援队、专职消防队应当充分发挥火灾扑救和应急救援专业力量的骨干作用；按照国家规定，组织实施专业技能训练，配备并维护保养装备器材，提高火灾扑救和应急救援的能力。

第四十二条 消防救援机构应当对专职消防队、志愿消防队等消防组织进行业务指导；根据扑救火灾的需要，可以调动指挥专职消防队参加火灾扑救工作。

消防安全提示

专职消防队是消防救援机构的重要补充力量，在灭火救援中发挥了重要的作用。消防救援机构有权指挥调动专职消防队，专职消防队有服从消防救援机构指挥调动的义务。不管哪种形式的专职消防队，都必须服从当地消防救援机构的统一调动指挥，有关单位和个人不得以种种理由不服从调动指挥，而贻误灭火时机。

第四章
灭火救援

37. 县级以上地方人民政府在火灾应急预案方面的义务是什么？

情景再现

某县根据相关政策大力引进有关造纸业的上下游产业链，并在该县郊区建设了一家大型造纸厂。因为造纸厂原料多为植物纤维和废纸，即多为易燃物，所以火灾隐患较大。县政府为了防火灾于未然，打算与该县消防救援机构联合制定应急预案，将可能发生火灾的情况进行预先考虑，并在该造纸厂周围增添了更多的消防器材，同时修整了郊区通向县中心的主干道，为消防车辆进出提供高效、平稳的路线安排。请问，县级以上地方人民政府在火灾应急预案方面的义务是什么？

依法解答

《中华人民共和国消防法》第四十三条规定："县级以上地方人民政府应当组织有关部门针对本行政区域内的火灾特点制定应急预案，建立应急反应和处置机制，为火灾扑救和应急救援工作提供人员、装备等保障。"结合《中华人民共和国突发事件应对法》第十九条与《中华人民共和国安全生产法》第八十条，本次事件中该县为该地区的造纸厂修路、增添消防器材、制定应急预案等行为都是履行其在灭火救援方面的相关义务，是履行《中华人民共和国消防法》相关法规的要求。县级以上地方人民政府也应该建立应急反应和处置机制，防患于未然，将火灾发生风险降到最低。

法律依据

《中华人民共和国消防法》

第四十三条 县级以上地方人民政府应当组织有关部门针对本行政区域内的火灾特点制定应急预案，建立应急反应和处置机制，为火灾扑救和应急救援工作提供人员、装备等保障。

《中华人民共和国突发事件应对法》

第十九条 县级以上人民政府是突发事件应对管理工作的行政领导机关。

国务院在总理领导下研究、决定和部署特别重大突发事件的应对工作；根据实际需要，设立国家突发事件应急指挥机构，负责突发事件应对工作；必要时，国务院可以派出工作组指导有关工作。

县级以上地方人民政府设立由本级人民政府主要负责人、相关部门负责人、国家综合性消防救援队伍和驻当地中国人民解放军、中国人民武装警察部队有关负责人等组成的突发事件应急指挥机构，统一领导、协调本级人民政府各有关部门和下级人民政府开展突发事件应对工作；根据实际需要，设立相关类别突发事件应急指挥机构，组织、协调、指挥突发事件应对工作。

第四章 灭火救援

《中华人民共和国安全生产法》

第八十条 县级以上地方各级人民政府应当组织有关部门制定本行政区域内生产安全事故应急救援预案,建立应急救援体系。

乡镇人民政府和街道办事处,以及开发区、工业园区、港区、风景区等应当制定相应的生产安全事故应急救援预案,协助人民政府有关部门或者按照授权依法履行生产安全事故应急救援工作职责。

消防安全提示

县级以上地方人民政府在火灾应急预案方面的义务是组织有关部门根据本行政区域内的火灾特征制定相应的应急预案,并建立相应的应对和处理机制,重视预防的作用。同时根据需要组建消防救援队伍或者其他专业力量,承担相应的灭火、抢险救援任务,并按照规定配备灭火器材和装备等,确保其有效使用,为火灾扑救和应急救援工作提供人员、装备等保障。政府应履行相关职责,将预防火灾贯彻到底,最大限度地保护公民的人身安全和财产安全。

38. 发现火灾后必须立即报警吗?

情景再现

小张和小李两人为大学室友,某日外出逛街过程中,发现一男子随手将未熄灭的烟头丢入垃圾桶中,小张对小李说:"这行为太危险了要是引燃垃圾箱怎么办？"小李对此不以为意。在小张和小李即将走过街角的时候，发现垃圾桶果然烧了起来，火势蔓延至周围的绿化带，越烧越大，小张转头准备拉小李一起报警，但是小李嫌麻烦不想报警，这时小张对小李说："报火警是我们的义务，阻拦报火警的行为是违法的。"小李对此感到十分惊讶。请问，发现火灾后必须立即报警吗？

依法解答

《中华人民共和国消防法》第四十四条规定："任何人发现火灾都应当立即报警。任何单位、个人都应当无偿为报警提供便利，不得阻拦报警。严禁谎报火警。人员密集场所发生火灾，该场所的现场工作人员应当立即组织、引导在场人员疏散。任何单位发生火灾，必须立即组织力量扑救。邻近单位应当给予支援。消防队接到火警，必须立即赶赴火灾现场，救助遇险人员，排除险情，扑灭火灾。"所以，在本次事件中，小李应和小张一起报警，因为报火警是公民应尽的义务，遇到火灾时必须及时报告。

法律依据

《中华人民共和国消防法》

第四十四条 任何人发现火灾都应当立即报警。任何单位、个人都应当无偿为报警提供便利，不得阻拦报警。严禁谎报火警。

人员密集场所发生火灾，该场所的现场工作人员应当立即组织、引导在场人员疏散。

任何单位发生火灾,必须立即组织力量扑救。邻近单位应当给予支援。

消防队接到火警,必须立即赶赴火灾现场,救助遇险人员,排除险情,扑灭火灾。

第六十四条 违反本法规定,有下列行为之一,尚不构成犯罪的,处十日以上十五日以下拘留,可以并处五百元以下罚款;情节较轻的,处警告或者五百元以下罚款:

(一)指使或者强令他人违反消防安全规定,冒险作业的;

(二)过失引起火灾的;

(三)在火灾发生后阻拦报警,或者负有报告职责的人员不及时报警的;

(四)扰乱火灾现场秩序,或者拒不执行火灾现场指挥员指挥,影响灭火救援的;

(五)故意破坏或者伪造火灾现场的;

(六)擅自拆封或者使用被消防救援机构查封的场所、部位的。

消防安全提示

任何单位和个人发现火灾都有立即报警的义务。阻拦报火警是对自己及他人的生命财产安全不负责任的表现。火灾发生时,每一秒都至关重要,及时报警能够为消防部门争取宝贵的救援时间,最大限度地减少人员伤亡和财产损失。发现火灾,应立即报警,并积极配合消防部门开展灭火救援工作,共同维护消防安全。

39. 人员密集场所发生火灾时，该场所的现场工作人员应当怎么做？

情景再现

某市博物馆的某个展厅，突因不明原因起火，在场参观群众发现起火后慌乱逃生，有发生踩踏事故的风险。该博物馆相关工作人员发现火情后，第一时间分成两队，一边救火并报火警，一边打开应急救援通道疏散群众，安抚群众情绪，按照应急灯、应急标识的指引有序将群众疏散出博物馆，送至安全地带。请问，人员密集场所发生火灾，该场所的现场工作人员应当怎么做？

依法解答

《中华人民共和国消防法》第四十四条规定："任何人发现火灾都应当立即报警。任何单位、个人都应当无偿为报警提供便利，不得阻拦报警。严禁谎报火警。人员密集场所发生火灾，该场所的现场工作人员应当立即组织、引导在场人员疏散。任何单位发生火灾，必须立即组织力量扑救。邻近单位应当给予支援。消防队接到火警，必须立即赶赴火灾现场，救助遇险人员，排除险情，扑灭火灾。"所以，在本次事件中，该博物馆工作人员的做法非常值得肯定，一边分出人手进行火灾自救并报火警，另一边有序疏散群众，利用馆内的火灾应急通道等，成功地保护了群众的安全。

法律依据

《中华人民共和国消防法》

第四十四条 任何人发现火灾都应当立即报警。任何单位、个人都应当无偿为报警提供便利，不得阻拦报警。严禁谎报火警。

人员密集场所发生火灾，该场所的现场工作人员应当立即组织、引导在场人员疏散。

任何单位发生火灾，必须立即组织力量扑救。邻近单位应当给予支援。

消防队接到火警，必须立即赶赴火灾现场，救助遇险人员，排除险情，扑灭火灾。

消防安全提示

在人员密集场所如遇火灾，请不要惊慌，及时报警的同时，请听从场所相关工作人员安排，有序撤离，避免踩踏等事故的发生。场所的现场工作人员应履行职责，主动组织、引导、疏散在场群众。

40. 邻近单位发生火灾，本单位有消防义务吗？

情景再现

某市某区一面包店打烊后，因线路老化问题，发生了火灾。作为面包店的邻居，一家二十四小时营业的便利店最先发现了火情，便利店老板让其员工报了火警并通知面包店老板，同时，其拿着店内的灭火器主动前去灭火，灭火过程中发现火势不断变大，单凭灭火器已经难以控制火势。员工不理解老板的行为，问老板："为什么您要帮忙救火，这不是很危险吗？"那么请问，邻近单位发生火灾，本单位有消防义务吗？

依法解答

《中华人民共和国消防法》第四十四条规定:"任何人发现火灾都应当立即报警。任何单位、个人都应当无偿为报警提供便利,不得阻拦报警。严禁谎报火警。人员密集场所发生火灾,该场所的现场工作人员应当立即组织、引导在场人员疏散。任何单位发生火灾,必须立即组织力量扑救。邻近单位应当给予支援。消防队接到火警,必须立即赶赴火灾现场,救助遇险人员,排除险情,扑灭火灾。"所以,在本次事件中,便利店老板的救火和报火警举动,是对其邻近单位面包店的一种援助行为,属于《中华人民共和国消防法》规定的义务,是《中华人民共和国消防法》所鼓励的行为。

法律依据

《中华人民共和国消防法》

第四十四条 任何人发现火灾都应当立即报警。任何单位、个人都应当无偿为报警提供便利,不得阻拦报警。严禁谎报火警。

人员密集场所发生火灾,该场所的现场工作人员应当立即组织、引导在场人员疏散。

任何单位发生火灾,必须立即组织力量扑救。邻近单位应当给予支援。

消防队接到火警,必须立即赶赴火灾现场,救助遇险人员,排除险情,扑灭火灾。

消防安全提示

如遇邻近单位发生火灾，本单位应在能力范围内对邻近单位进行相应的支援，互助互救，将损失降到最低。

41. 消防救援机构统一组织和指挥火灾现场扑救，应当优先保障遇险人员的生命安全还是财产安全？

情景再现

某日，某村小赵家里发生火灾，因为火势较大无法自行救援，于是拨打火警电话，消防队接到报警消息后立即出动，到火灾现场后立即展开对火灾的扑救，火势被控制住，这时小赵父亲突然冲出想要进房间取钱财和资料，消防员拦住小赵父亲并劝说："生命安全最重要，火还没熄灭，不能回去。"请问，消防救援机构统一组织和指挥火灾现场扑救，应当优先保障遇险人员的生命安全还是财产安全？

依法解答

《中华人民共和国消防法》第四十五条规定："消防救援机构统一组织和指挥火灾现场扑救，应当优先保障遇险人员的生命安全。火灾现场总指挥根据扑救火灾的需要，有权决定下列事项：（一）使用各种水源；（二）截断电力、可燃气体和可燃液体的输送，限制用火用电；（三）划定警戒区，实行局部交通管制；（四）利用临近建筑物和有关设施；（五）为了抢救人员和重要物资，防止火势蔓延，拆除或者破损毗邻火灾现场的建筑物、构筑物或者设施等；（六）调动供水、供电、供气、通信、医疗救护、交通运输、环境保护等有关单位协助灭火救援。根据扑救火灾的紧急需要，有关地方人民政府应当组织人员、调集所需物资支援灭火。"所以，在这次事件中，消防员阻拦小赵父亲的行为是合理合法的，在火灾面前，消防救援机构应该率先保障人民群众的生命安全，同时人民群众也应该配合消防救援机构的行动，以保障生命安全为第一要义。

法律依据

《中华人民共和国消防法》

第四十五条 消防救援机构统一组织和指挥火灾现场扑救，应当优先保障遇险人员的生命安全。

火灾现场总指挥根据扑救火灾的需要，有权决定下列事项：

（一）使用各种水源；

（二）截断电力、可燃气体和可燃液体的输送，限制用火用电；

（三）划定警戒区，实行局部交通管制；

（四）利用临近建筑物和有关设施；

（五）为了抢救人员和重要物资，防止火势蔓延，拆除或者破损毗邻火灾现场的建筑物、构筑物或者设施等；

（六）调动供水、供电、供气、通信、医疗救护、交通运输、环境保护等有关单位协助灭火救援。

根据扑救火灾的紧急需要，有关地方人民政府应当组织人员、调集所需物资支援灭火。

消防安全提示

消防救援机构以人民群众的生命安全为先,遇到想要保全财产的人民群众要进行阻拦、劝诫。人民群众也要树立生命安全为先的意识,在发生火灾时切勿盲目追求保全财产。

42. 火灾现场总指挥有权决定哪些事情?

情景再现

某商业街一电子产品维修店因私自改造线路等问题引起火灾,周围居民看到火势难以控制于是报火警,当消防队赶来时,火势已经快要蔓延到隔壁店铺,消防队员根据火情判断,无法只用水源救火,否则会加剧电路问题引发的火灾,火灾现场总指挥当机立断,决定暂时截断该商业街的电力供应。请问,火灾现场总指挥有权决定哪些事情?

依法解答

《中华人民共和国消防法》第四十五条规定:"消防救援机构统一组织和指挥火灾现场扑救,应当优先保障遇险人员的生命安全。火灾现场总指挥根据扑救火灾的需要,有权决定下列事项:(一)使用各种水源;(二)截断电力、可燃气体和可燃液体的输送,限制用火用电;(三)划定警戒区,实行局部交通管制;(四)利用临近建筑物和有关设施;(五)为了抢救人员和重要物资,防止火势蔓延,拆除或者破损毗邻火灾现场的建筑物、构筑物或者设施等；（六）调动供水、供电、供气、通信、医疗救护、交通运输、环境保护等有关单位协助灭火救援。根据扑救火灾的紧急需要，有关地方人民政府应当组织人员、调集所需物资支援灭火。"所以，在这次事件中，火灾现场总指挥可以截断电力、可燃气体和可燃液体的输送，限制用火用电。在火势严重的情况下，消防队总指挥的决定有法可依，商业街其他店铺应该配合行动。

法律依据

《中华人民共和国消防法》

第四十五条 消防救援机构统一组织和指挥火灾现场扑救，应当优先保障遇险人员的生命安全。

火灾现场总指挥根据扑救火灾的需要，有权决定下列事项：

（一）使用各种水源；

（二）截断电力、可燃气体和可燃液体的输送，限制用火用电；

（三）划定警戒区，实行局部交通管制；

（四）利用临近建筑物和有关设施；

（五）为了抢救人员和重要物资，防止火势蔓延，拆除或者破损毗邻火灾现场的建筑物、构筑物或者设施等；

（六）调动供水、供电、供气、通信、医疗救护、交通运输、环境保护等有关单位协助灭火救援。

根据扑救火灾的紧急需要，有关地方人民政府应当组织人员、调集所需物资支援灭火。

消防安全提示

火灾现场总指挥有权根据火灾现场的情况，判断是否使用水源、限制用火用电、实行交通管制、利用建筑物、调动各种资源等，相关单位和人民群众应该予以配合。

43. 国家综合性消防救援队、专职消防队参加火灾以外的其他重大灾害事故的应急救援工作时，由谁领导？

情景再现

某乡因为连日出现大到暴雨，突发特大洪灾，人民群众的生命安全、财产安全受到了极大的威胁。国家综合性消防救援支队收到上级命令前来支援，县长和乡长前去对接。请问，国家综合性消防救援队、专职消防队参加火灾以外的其他重大灾害事故的应急救援工作时，由谁领导？

依法解答

《中华人民共和国消防法》第四十六条规定："国家综合性消防救援队、专职消防队参加火灾以外的其他重大灾害事故的应急救援工作，由县级以上人民政府统一领导。"所以，在本次事件中，能统一领导国家综合性消防救援队、专职消防队的是县级以上人民政府。统一领导对于国家综合性消防救援队、专职消防队来说，可以增强凝聚力、提高救援效率，有利于资源集中。

法律依据

《中华人民共和国消防法》

第四十六条　国家综合性消防救援队、专职消防队参加火灾以外的其他重大灾害事故的应急救援工作，由县级以上人民政府统一领导。

消防安全提示

国家综合性消防救援队、专职消防队参加火灾以外的其他重大灾害事故的应急救援工作，事关重大，需要集中统一调度，由县级以上人民政府统一领导可以提高效率、科学指挥、集中力量。

44. 消防车、消防艇前往执行火灾扑救或者应急救援任务时有什么交通保障？

🎬 情景再现

某日,某地区一小区发生火灾,小区居民报火警请求消防站救援,消防队随即开车出动。消防车行驶过程中,突然前方有一辆小汽车变速超越并挡住了去路,小汽车乘客对车主说:"我们挡住了消防车的路,要赶紧让路。"车主说:"我们也着急赶时间办事,为什么我们就非得给它让路!"请问,消防车、消防艇前往执行火灾扑救或者应急救援任务时有什么交通保障?

⚖️ 依法解答

《中华人民共和国消防法》第四十七条规定:"消防车、消防艇前往执行火灾扑救或者应急救援任务,在确保安全的前提下,不受行驶速度、行驶路线、行驶方向和指挥信号的限制,其他车辆、船舶以及行人应当让行,不得穿插超越;收费公路、桥梁免收车辆通行费。交通管理指挥人员应当保证消防车、消防艇迅速通行。赶赴火灾现场或者应急救援现场的消防人员和调集的消防装备、物资,需要铁路、水路或者航空运输的,有关单位应当优先运输。"结合《中华人民共和国道路交通安全法》第五十三条,在本次事件中,小汽车车主不得穿插超越,更不能意气用事去阻拦消防车通行。

📝 法律依据

《中华人民共和国消防法》

第四十七条 消防车、消防艇前往执行火灾扑救或者应急救援任务，在确保安全的前提下，不受行驶速度、行驶路线、行驶方向和指挥信号的限制，其他车辆、船舶以及行人应当让行，不得穿插超越；收费公路、桥梁免收车辆通行费。交通管理指挥人员应当保证消防车、消防艇迅速通行。

赶赴火灾现场或者应急救援现场的消防人员和调集的消防装备、物资，需要铁路、水路或者航空运输的，有关单位应当优先运输。

《中华人民共和国道路交通安全法》

第五十三条 警车、消防车、救护车、工程救险车执行紧急任务时，可以使用警报器、标志灯具；在确保安全的前提下，不受行驶路线、行驶方向、行驶速度和信号灯的限制，其他车辆和行人应当让行。

警车、消防车、救护车、工程救险车非执行紧急任务时，不得使用警报器、标志灯具，不享有前款规定的道路优先通行权。

消防安全提示

消防车、消防艇在执行各种应急救援任务的时候，其他人和单位要为其提供各种便利，便于其迅速通行，不能阻拦更不能恶意阻挠。

45. 消防艇能否用于水上娱乐项目，以满足人们的游玩需求？

情景再现

某地区有一片天然湖泊，附近有一座消防站依此而建，以该湖泊为消防水源。该湖泊后来发展了旅游项目，其中水上飞艇、水上游艇等项目深受人们喜爱。某日，一游客体验完水上游艇项目后，抬头看见不远处的消防站说："真想玩一玩消防队的消防艇，性能比这水上游艇好多了。"水上游艇驾驶员回答道："消防艇是不能商用和私用的。"请问，消防艇能否用于水上娱乐项目，以满足人们的游玩需求？

依法解答

《中华人民共和国消防法》第四十八条规定："消防车、消防艇以及消防器材、装备和设施，不得用于与消防和应急救援工作无关的事项。"所以，在本次事件中，该水上游艇游客的想法是错误的，也是违反《中华人民共和国消防法》相关规定的，因为消防艇不能商用和私用来满足人们的游玩需求，消防车、消防艇以及消防器材、装备和设施等是有专业用途的，不能随意变卖和处置，不能用在与消防和应急救援工作无关的事项上，如私自挪用消防车消防艇、私自贩卖消防车消防艇、把消防车借给别人使用等。以上这些行为都是对消防资源的浪费，挤占消防资源会导致不能物尽其用、延误救援等后果，要按照相关规定正确使用消防艇、消防车以及消防器材、装备和设施。

法律依据

《中华人民共和国消防法》

第四十八条 消防车、消防艇以及消防器材、装备和设施，不得用于与消防和应急救援工作无关的事项。

消防安全提示

消防车、消防艇以及消防器材、装备和设施是专门为消防和应急救援工作设计和配备的，不得用于其他用途。如果将其用于与消防和应急救援工作无关的事项，会影响其正常使用和维护，甚至可能导致事故发生。因此，应该妥善保管和使用消防车、消防艇以及消防器材、装备和设施，确保其能够在需要时发挥应有的作用。

46. 国家综合性消防救援队、专职消防队扑救火灾、应急救援，可以收取费用吗？

情景再现

某地区某村小王家突发火灾，消防队闻讯后火速前往该村支援，在消防队的扑救下，火势逐渐减弱。这时小王家为了表达对消防队的感谢，拉着消防队员说："谢谢你们救了我们一家，真的很感谢你们，这些钱你们就拿着吧，当是我们的一番心意了！"在场的消防员连忙拒绝并说道："我们有相关规定，不能收钱的！"请问，国家综合性消防救援队、专职消防队扑救火灾、应急救援，可以收取费用吗？

⚖依法解答

《中华人民共和国消防法》第四十九条规定："国家综合性消防救援队、专职消防队扑救火灾、应急救援，不得收取任何费用。单位专职消防队、志愿消防队参加扑救外单位火灾所损耗的燃料、灭火剂和器材、装备等，由火灾发生地的人民政府给予补偿。"所以，在本次事件中，消防队的消防员拒绝收费的行为是正确的，因为国家综合性消防救援队、专职消防队扑救火灾、应急救援，是无须收取任何费用的，燃料、灭火剂和器材、装备等损耗统一由政府补偿。如遇火灾，应及时拨打报警电话。

📖法律依据

《中华人民共和国消防法》

第四十九条　国家综合性消防救援队、专职消防队扑救火灾、应急救援，不得收取任何费用。

单位专职消防队、志愿消防队参加扑救外单位火灾所损耗的燃料、灭火剂和器材、装备等，由火灾发生地的人民政府给予补偿。

第五十条　对因参加扑救火灾或者应急救援受伤、致残或者死亡的人员，按照国家有关规定给予医疗、抚恤。

🔥消防安全提示

国家综合性消防救援队、专职消防队扑救火灾、应急救援，是不收费的，遇到火灾等灾害要及时寻求消防救援机构的专业帮助。国家综合性消防救援队、专职消防队人身和设备的补贴由政府、国家支出。

47. 单位专职消防队、志愿消防队参加扑救外单位火灾产生燃料、灭火剂和器材、装备等损耗的，如何处理？

情景再现

某小区发生火灾且起火点较多、火势较大，消防队及时赶来救援，但是因为起火点较多无法对所有起火点进行救援，消防队要求该区域内一家中型企业的志愿消防队协同配合共同扑救火灾，在消防队和志愿消防队的共同努力下火被扑灭。该小区居民看到志愿消防队的装备有所损耗，为了感谢该志愿消防队，小区居民打算集资补偿，该志愿消防队负责人表示："感谢居民们的心意，但是我们不能收，而且志愿消防队有补偿途径。"请问，单位专职消防队、志愿消防队参加扑救外单位火灾产生燃料、灭火剂和器材、装备等损耗的，如何处理？

依法解答

《中华人民共和国消防法》第四十九条规定："国家综合性消防救援队、专职消防队扑救火灾、应急救援，不得收取任何费用。单位专职消防队、志愿消防队参加扑救外单位火灾所损耗的燃料、灭火剂和器材、装备等，由火灾发生地的人民政府给予补偿。"所以，在本次事件中，志愿消防队不需要接受小区居民们的善意帮助，因为该中型企业的志愿消防队属于帮助外单位扑救火灾，所以它的装备损耗由该地区火灾发生地的人民政府给予补偿。

法律依据

《中华人民共和国消防法》

第四十九条 国家综合性消防救援队、专职消防队扑救火灾、应急救援，不得收取任何费用。

单位专职消防队、志愿消防队参加扑救外单位火灾所损耗的燃料、灭火剂和器材、装备等，由火灾发生地的人民政府给予补偿。

第五十条 对因参加扑救火灾或者应急救援受伤、致残或者死亡的人员，按照国家有关规定给予医疗、抚恤。

消防安全提示

单位专职消防队、志愿消防队在参与外单位火灾救援时，如果发生燃料、灭火剂和器材、装备等损耗，即由火灾发生地的人民政府给予补偿，所以单位专职消防队、志愿消防队在协助外单位救火时无须担心装备问题。

48. 消防救援机构是否可以封闭火灾现场？

情景再现

某大学几个学生在宿舍内违规使用大功率电器，因没有注意线路老化情况致使火苗烧到了窗帘，宿舍内几人救火无果遂报火警，消防救援队赶到后，火势已经波及隔壁几个宿舍。经过二十多分钟奋力扑救，大火被扑灭，无人员伤亡。在这种情况下，消防员决定封闭该宿舍楼层，保护火灾现场。请问，消防救援机构是否可以封闭火灾现场？

依法解答

《中华人民共和国消防法》第五十一条规定："消防救援机构有权根据需要封闭火灾现场，负责调查火灾原因，统计火灾损失。火灾扑灭后，发生火灾的单位和相关人员应当按照消防救援机构的要求保护现场，接受事故调查，如实提供与火灾有关的情况。消防救援机构根据火灾现场勘验、调查情况和有关的检验、鉴定意见，及时制作火灾事故认定书，作为处理火灾事故的证据。"所以，在本次事件中，消防员的做法是没有问题的，是根据现场火灾情况认为需要封闭火灾现场才下达的命令，与此同时，广大人民群众也要理解和配合消防救援机构的决策。

法律依据

《中华人民共和国消防法》

第五十一条 消防救援机构有权根据需要封闭火灾现场，负责调查火灾原因，统计火灾损失。

火灾扑灭后，发生火灾的单位和相关人员应当按照消防救援机构的要求保护现场，接受事故调查，如实提供与火灾有关的情况。

消防救援机构根据火灾现场勘验、调查情况和有关的检验、鉴定意见，及时制作火灾事故认定书，作为处理火灾事故的证据。

消防安全提示

消防救援机构可以根据现场火灾情况作出是否封闭火灾现场的决定，同时消防救援机构也有调查火灾原因，统计火灾损失的职责。人民群众遇到封闭火灾现场的决定要积极配合，切勿因贪图财产等原因不配合或阻挠消防救援机构依法履职。

49. 火灾扑灭后，发生火灾的单位和相关人员有什么义务？

情景再现

一小型面粉加工厂机器故障导致火灾，由于可燃物过多，火势扩大，该工厂负责人拨打119报警，消防救援队闻讯赶来。经过一段时间的紧急救援，火势被控制。火被扑灭后，消防救援队要求该工厂封锁现场并接受事故调查，该工厂负责人不解道："已经救完火了怎么还有后续呢？"请问，火灾扑灭后，发生火灾的单位和相关人员有什么义务？

依法解答

《中华人民共和国消防法》第五十一条规定："消防救援机构有权根据需要封闭火灾现场，负责调查火灾原因，统计火灾损失。火灾扑灭后，发生火灾的单位和相关人员应当按照消防救援机构的要求保护现场,接受事故调查,如实提供与火灾有关的情况。消防救援机构根据火灾现场勘验、调查情况和有关的检验、鉴定意见,及时制作火灾事故认定书,作为处理火灾事故的证据。"所以,在本次事件中,该工厂负责人和相关人员后续负有保护现场、接受事故调查、如实提供与火灾有关的信息的义务,并不是所谓的救完火就结束了,在消防救援机构提出有关要求后,相关人员要积极配合,不能推诿。

法律依据

《中华人民共和国消防法》

第五十一条 消防救援机构有权根据需要封闭火灾现场,负责调查火灾原因,统计火灾损失。

火灾扑灭后,发生火灾的单位和相关人员应当按照消防救援机构的要求保护现场,接受事故调查,如实提供与火灾有关的情况。

消防救援机构根据火灾现场勘验、调查情况和有关的检验、鉴定意见,及时制作火灾事故认定书,作为处理火灾事故的证据。

消防安全提示

火被扑灭后,发生火灾的单位和相关人员的责任并没有结束,要积极配合消防救援机构的相关要求,如保护现场、接受事故调查、如实提供与火灾有关的情况等。

50. 火灾事故认定书有什么作用？

情景再现

一奶茶店与邻近的早餐店同时发生火灾，火被扑灭后，双方对谁是火灾引发者发生了争议。消防队根据事故现场及目击证人证言作出了火灾事故认定书，认定早餐店用火不当导致火灾发生，是此次火灾事故的责任主体。那么，火灾事故认定书有什么作用？

依法解答

《中华人民共和国消防法》第五十一条规定："消防救援机构有权根据需要封闭火灾现场，负责调查火灾原因，统计火灾损失。火灾扑灭后，发生火灾的单位和相关人员应当按照消防救援机构的要求保护现场，接受事故调查，如实提供与火灾有关的情况。消防救援机构根据火灾现场勘验、调查情况和有关的检验、鉴定意见，及时制作火灾事故认定书，作为处理火灾事故的证据。"结合《火灾事故调查规定》第三十四条，在本次事件中，消防机构制作的火灾事故认定书，既是处理火灾事故的证据，也是确定当事人各方民事、行政和刑事责任的主要依据，实践中常常成为争议焦点。

法律依据

《中华人民共和国消防法》

第五十一条 消防救援机构有权根据需要封闭火灾现场，

负责调查火灾原因，统计火灾损失。

火灾扑灭后，发生火灾的单位和相关人员应当按照消防救援机构的要求保护现场，接受事故调查，如实提供与火灾有关的情况。

消防救援机构根据火灾现场勘验、调查情况和有关的检验、鉴定意见，及时制作火灾事故认定书，作为处理火灾事故的证据。

《火灾事故调查规定》

第三十四条 公安机关消防机构作出火灾事故认定后，当事人可以申请查阅、复制、摘录火灾事故认定书、现场勘验笔录和检验、鉴定意见，公安机关消防机构应当自接到申请之日起七日内提供，但涉及国家秘密、商业秘密、个人隐私或者移交公安机关其他部门处理的依法不予提供，并说明理由。

消防安全提示

火灾事故认定书是消防机构根据火灾现场勘察、听取报告、收集证据等方法，综合研究分析事故原因、损失等情况，对一起火灾事故所作出的书面结论。它既是防火工作重要的责任追究手段，也是整治火灾隐患、加强责任落实、提升防火意识和水平的有力推动抓手。在日常工作中，相关单位和个人必须认真贯彻火灾事故认定书的各项要求，加强安全管理和防火工作，增强责任意识，确保不再发生类似的事故。对于出现过的安全隐患，必须采取果断措施，加快整改步伐，不断提高防范和预警能力，保障人民群众生命安全和财产安全。

第五章
监督检查

51. 公安派出所有消防监督检查权吗？

情景再现

某公司系民营纺织厂，主要生产人造棉等各种各样的纺织产品。为扩大利润，该厂违反消防安全管理规定，对工厂的生产车间违规改造。存放着易燃原材料的仓库东侧被违规搭建了女工临时宿舍。为了提高宿舍的采光，防火墙也被打了洞。某日，公安派出所到来，要求进行消防监督检查，该厂保安以未接到通知为由拒绝。请问，公安派出所有消防监督检查权吗？

依法解答

《中华人民共和国消防法》第五十三条规定："消防救援机构应当对机关、团体、企业、事业等单位遵守消防法律、法规的情况依法进行监督检查。公安派出所可以负责日常消防监督检查、开展消防宣传教育，具体办法由国务院公安部门规定。消防救援机构、公安派出所的工作人员进行消防监督检查，应当出示证件。"该厂是纺织原料加工制造的场所，有义务严格遵守消防安全管理规定。公安派出所有权对其进行消防监督检查。该厂保安以未接到通知为由拒绝消防检查，明显错误。

法律依据

《中华人民共和国消防法》

第五十三条 消防救援机构应当对机关、团体、企业、事业等单位遵守消防法律、法规的情况依法进行监督检查。公安派出所可以负责日常消防监督检查、开展消防宣传教育，具体办法由国务院公安部门规定。

消防救援机构、公安派出所的工作人员进行消防监督检查，应当出示证件。

消防安全提示

贯彻消防法规，落实消防责任。一场火灾的背后隐藏着无数的侥幸。企业应当严格遵守消防安全法律法规。公安派出所负责日常消防监督检查、开展消防宣传教育。

52. 消防救援机构在消防监督检查中发现火灾隐患的，应当怎么处理？

情景再现

某公司系以提供教育服务为主的民营企业。为降低成本，该公司的教室由服装厂车间改造而来，且教室和服装厂车间、仓库、食堂在同一栋楼内。此外，该公司并未在教室区域安装火灾自动报警系统、室内消火栓等消防设施。某日在消防监督检查中，消防救援机构发现该机构存在未安装消防设施等火灾隐患。请问，消防救援机构在消防监督检查中发现火灾隐患的，应当怎么处理？

依法解答

《中华人民共和国消防法》第五十四条规定："消防救援机构在消防监督检查中发现火灾隐患的，应当通知有关单位或者个人立即采取措施消除隐患；不及时消除隐患可能严重威胁公共安全的，消防救援机构应当依照规定对危险部位或者场所采取临时查封措施。"结合《消防监督检查规定》第二十二条，在本案中，某公司消防意识淡薄，既没有选择合适的场所作为教室，又没有设置质量合格、数量充足的消防设施。消防救援机构在这次消防检查中发现火灾隐患后，应当通知该公司立即采取必要措施消除隐患。

法律依据

《中华人民共和国消防法》

第五十四条 消防救援机构在消防监督检查中发现火灾隐患的，应当通知有关单位或者个人立即采取措施消除隐患；不及时消除隐患可能严重威胁公共安全的，消防救援机构应当依照规定对危险部位或者场所采取临时查封措施。

《消防监督检查规定》

第二十二条 公安机关消防机构在消防监督检查中发现火灾隐患，应当通知有关单位或者个人立即采取措施消除；对具有下列情形之一，不及时消除可能严重威胁公共安全的，应当对危险部位或者场所予以临时查封：

（一）疏散通道、安全出口数量不足或者严重堵塞，已不具备安全疏散条件的；

（二）建筑消防设施严重损坏，不再具备防火灭火功能的；

（三）人员密集场所违反消防安全规定，使用、储存易燃易爆危险品的；

（四）公众聚集场所违反消防技术标准，采用易燃、可燃材料装修，可能导致重大人员伤亡的；

（五）其他可能严重威胁公共安全的火灾隐患。

临时查封期限不得超过三十日。临时查封期限届满后，当事人仍未消除火灾隐患的，公安机关消防机构可以再次依法予以临时查封。

消防安全提示

机关、团体、企业、事业等单位应当严格遵守消防法律、法规。设置数量足够、质量合格的消火栓等室内消防设施。消防救援机构应当按时进行消防监督检查，发现火灾隐患后，及时通知公司采取措施消除隐患。

53. 不及时消除火灾隐患可能严重威胁公共安全的，消防救援机构应当如何处理？

情景再现

某教育机构学生人数众多、人员流动量大。某日，在消防监督检查中,消防救援机构发现该机构未落实消防安全主体责任、未安装室内消防设施,立即通知该机构采取相应措施消除隐患。但该机构为了保持正常生产经营,对有关部门和单位检查指出的火灾隐患没有整改。在第二次检查中,消防救援机构发现该机构仍拒不整改。请问,不及时消除火灾隐患可能严重威胁公共安全的,消防救援机构应当如何处理?

依法解答

《中华人民共和国消防法》第五十四条规定:"消防救援机构在消防监督检查中发现火灾隐患的,应当通知有关单位或者个人立即采取措施消除隐患;不及时消除隐患可能严重威胁公共安全的,消防救援机构应当依照规定对危险部位或者场所采取临时查封措施。"因该机构从事教育服务,人员密集,为保证消防安全,有义务严格遵守消防安全法律,对于消防救援机构指出的火灾隐患,立即采取措施消除。如拒不整改,消防救援机构可对该机构采取临时查封措施。

法律依据

《中华人民共和国消防法》

第五十四条 消防救援机构在消防监督检查中发现火灾隐患的,应当通知有关单位或者个人立即采取措施消除隐患;不及时消除隐患可能严重威胁公共安全的,消防救援机构应当依照规定对危险部位或者场所采取临时查封措施。

消防安全提示

消防安全是每个人都应该重视的问题，个人及单位在接到消防救援机构的通知之后应该立即整改。在生活中，我们要定期检查电气设备，安全用电。安装和定期检查烟雾报警器，学会灭火器的正确使用方法，努力消除火灾隐患。

54. 消防救援机构在消防监督检查中发现城乡消防安全布局、公共消防设施不符合消防安全要求，或者发现本地区存在影响公共安全的重大火灾隐患的，应当如何处理？

情景再现

某市的消防救援机构在最近的一次消防监督检查中发现了一些不符合消防安全要求的情况，以及一些重大火灾隐患。如城乡消防安全布局存在严重问题，许多地区没有足够的火灾通道和消防设备，一些公共消防设施的维护也存在问题。这些问题可能会对公共安全造成威胁，尤其是在干燥的夏季，火灾的风险更是加大。请问，消防救援机构在消防监督检查中发现城乡消防安全布局、公共消防设施不符合消防安全要求，或者发现本地区存在影响公共安全的重大火灾隐患的，应当如何处理？

依法解答

《中华人民共和国消防法》第五十五条规定："消防救援机

构在消防监督检查中发现城乡消防安全布局、公共消防设施不符合消防安全要求，或者发现本地区存在影响公共安全的重大火灾隐患的，应当由应急管理部门书面报告本级人民政府。接到报告的人民政府应当及时核实情况，组织或者责成有关部门、单位采取措施，予以整改。"结合《消防监督检查规定》第二十一条，该市消防救援机构在消防监督检查中发现城乡消防安全布局、公共消防设施不符合消防安全要求，或者本地区存在影响公共安全的重大火灾隐患的，应报所属的应急管理部门，由应急管理部门书面报告本级人民政府。

法律依据

《中华人民共和国消防法》

第五十五条 消防救援机构在消防监督检查中发现城乡消防安全布局、公共消防设施不符合消防安全要求，或者发现本地区存在影响公共安全的重大火灾隐患的，应当由应急管理部门书面报告本级人民政府。

接到报告的人民政府应当及时核实情况，组织或者责成有关部门、单位采取措施，予以整改。

《消防监督检查规定》

第二十一条 在消防监督检查中，发现城乡消防安全布局、公共消防设施不符合消防安全要求，或者发现本地区存在影响公共安全的重大火灾隐患的，公安机关消防机构应当组织集体研究确定，自检查之日起七个工作日内提出处理意见，由所属公安机关书面报告本级人民政府解决；对影响公共安全的重大火灾隐患，还应当在确定之日起三个工作日内制作、送达重大火灾隐患整改通知书。

重大火灾隐患判定涉及复杂或者疑难技术问题的，公安机关消防机构应当在确定前组织专家论证。组织专家论证的，前款规定的期限可以延长十个工作日。

消防安全提示

在发现消防安全问题时，应急管理部门应及时书面报告本级人民政府，以推动改善消防设施和提高公众安全意识，这种合作和协调是确保城市安全的关键因素。接到报告的人民政府应当及时核实情况，组织或者责成有关部门、单位采取措施，予以整改。

55. 住房和城乡建设主管部门、消防救援机构及其工作人员可以为用户、建设单位指定或者变相指定消防产品的品牌吗？

情景再现

某市住建局和消防救援局的工作人员在对某化工厂进行消防安全检查时要求该厂必须购买某指定品牌的消防产品，并暗示购买该品牌的消防产品将更容易通过消防安全检查。请问，住房和城乡建设主管部门、消防救援机构及其工作人员可以为用户、建设单位指定或者变相指定消防产品的品牌吗？

第五章 监督检查

依法解答

《中华人民共和国消防法》第五十六条规定："住房和城乡建设主管部门、消防救援机构及其工作人员应当按照法定的职权和程序进行消防设计审查、消防验收、备案抽查和消防安全检查，做到公正、严格、文明、高效。住房和城乡建设主管部门、消防救援机构及其工作人员进行消防设计审查、消防验收、备案抽查和消防安全检查等，不得收取费用，不得利用职务谋取利益；不得利用职务为用户、建设单位指定或者变相指定消防产品的品牌、销售单位或者消防技术服务机构、消防设施施工单位。"结合《建设工程消防设计审查验收管理暂行规定》第五条，该市的住建局和消防救援局的工作人员无权要求化工厂购买指定品牌的消防产品，此做法属于违法违规行为。

法律依据

《中华人民共和国消防法》

第五十六条 住房和城乡建设主管部门、消防救援机构及其工作人员应当按照法定的职权和程序进行消防设计审查、消防验收、备案抽查和消防安全检查，做到公正、严格、文明、高效。

住房和城乡建设主管部门、消防救援机构及其工作人员进行消防设计审查、消防验收、备案抽查和消防安全检查等，不得收取费用，不得利用职务谋取利益；不得利用职务为用户、建设单位指定或者变相指定消防产品的品牌、销售单位或者消防技术服务机构、消防设施施工单位。

《建设工程消防设计审查验收管理暂行规定》

第五条 消防设计审查验收主管部门实施消防设计审查、消防验收、备案和抽查工作所需经费,按照《中华人民共和国行政许可法》等有关法律法规的规定执行。

消防安全提示

任何住房建设部门和消防救援机构都不得利用职务为用户、建设单位指定或者变相指定消防产品的品牌、销售单位或者消防技术服务机构、消防设施施工单位,任何利用职务之便为自己谋取利益的行为都会受到法律的严惩。

56. 个人发现住房和城乡建设主管部门、消防救援机构及其工作人员在执法中存在违法行为,可以检举控告吗?

情景再现

市民张先生一直热心参与社区事务,关注城市的建设和消防安全。在一次市执法活动中,张先生认为该市住建局和消防救援局的个别工作人员似乎存在一些不正当行为。请问,个人发现住房和城乡建设主管部门、消防救援机构及其工作人员在执法中存在违法行为,可以检举控告吗?

依法解答

《中华人民共和国消防法》第五十七条规定:"住房和城乡

建设主管部门、消防救援机构及其工作人员执行职务，应当自觉接受社会和公民的监督。任何单位和个人都有权对住房和城乡建设主管部门、消防救援机构及其工作人员在执法中的违法行为进行检举、控告。收到检举、控告的机关，应当按照职责及时查处。"检举控告权既是每一位公民享有的法定权利，也是法律赋予公民监督国家工作人员的一项重要权利。任何中华人民共和国公民对于住房和城乡建设主管部门、消防救援机构及其工作人员在执法中的违法行为都可以检举控告。因此，市民张先生如认为市住建局和消防救援局存在不正当行为，可以向相关部门进行检举控告。

法律依据

《中华人民共和国消防法》

第五十七条 住房和城乡建设主管部门、消防救援机构及其工作人员执行职务，应当自觉接受社会和公民的监督。

任何单位和个人都有权对住房和城乡建设主管部门、消防救援机构及其工作人员在执法中的违法行为进行检举、控告。收到检举、控告的机关，应当按照职责及时查处。

消防安全提示

在消防安全建设中，每个人都可以发挥重要作用。公民对工作人员的执法过程进行监督、检举违法行为，可以确保政府机构和工作人员遵守法规，维护城市的公平和安全，并帮助建立更加诚信和法治的社会。

第六章
法律责任

第六章 法律责任

57. 依法应当进行消防设计审查的建设工程，未经依法审查或者审查不合格，擅自施工的，应该承担什么责任？

情景再现

某建筑公司在建设商业大楼时，未依法进行消防设计审查就擅自施工。请问，依法应当进行消防设计审查的建设工程，未经依法审查或者审查不合格，擅自施工的，应该承担什么责任？

⚖️ 依法解答

《中华人民共和国消防法》第五十八条规定:"违反本法规定,有下列行为之一的,由住房和城乡建设主管部门、消防救援机构按照各自职权责令停止施工、停止使用或者停产停业,并处三万元以上三十万元以下罚款:(一)依法应当进行消防设计审查的建设工程,未经依法审查或者审查不合格,擅自施工的……核查发现公众聚集场所使用、营业情况与承诺内容不符,经责令限期改正,逾期不整改或者整改后仍达不到要求的,依法撤销相应许可。建设单位未依照本法规定在验收后报住房和城乡建设主管部门备案的,由住房和城乡建设主管部门责令改正,处五千元以下罚款。"因此,该建筑公司的商业大楼应由住房和城乡建设主管部门、消防救援机构按照各自职权责令停止施工、停止使用或者停产停业,并处三万元以上三十万元以下罚款。

📝 法律依据

《中华人民共和国消防法》

第五十八条 违反本法规定,有下列行为之一的,由住房和城乡建设主管部门、消防救援机构按照各自职权责令停止施工、停止使用或者停产停业,并处三万元以上三十万元以下罚款:

(一)依法应当进行消防设计审查的建设工程,未经依法审查或者审查不合格,擅自施工的;

（二）依法应当进行消防验收的建设工程，未经消防验收或者消防验收不合格，擅自投入使用的；

（三）本法第十三条规定的其他建设工程验收后经依法抽查不合格，不停止使用的；

（四）公众聚集场所未经消防救援机构许可，擅自投入使用、营业的，或者经核查发现场所使用、营业情况与承诺内容不符的。

核查发现公众聚集场所使用、营业情况与承诺内容不符，经责令限期改正，逾期不整改或者整改后仍达不到要求的，依法撤销相应许可。

建设单位未依照本法规定在验收后报住房和城乡建设主管部门备案的，由住房和城乡建设主管部门责令改正，处五千元以下罚款。

消防安全提示

依法进行消防设计审查十分重要，可以确保建筑物的安全性和公共安全。同时，忽视审查并擅自施工的行为必将受到法律的严厉制裁。

58. 建设工程验收后经依法抽查不合格，不停止使用的，应当承担什么责任？

情景再现

某市的一家建筑公司建设完成了一座高层住宅楼，经过验收后,依法抽查的结果为不合格。然而,该建筑公司却隐瞒这一事实,继续出售和租赁这些不合格的住宅单位,给社会秩序和住户的生命财产安全造成了严重的消防安全隐患。那么,建设工程验收后经依法抽查不合格,不停止使用的,应当承担什么责任?

依法解答

根据《中华人民共和国消防法》第五十八条规定:"违反本法规定,有下列行为之一的,由住房和城乡建设主管部门、消防救援机构按照各自职权责令停止施工、停止使用或者停产停业,并处三万元以上三十万元以下罚款……(三)本法第十三条规定的其他建设工程验收后经依法抽查不合格,不停止使用的……核查发现公众聚集场所使用、营业情况与承诺内容不符,经责令限期改正,逾期不整改或者整改后仍达不到要求的,依法撤销相应许可。建设单位未依照本法规定在验收后报住房和城乡建设主管部门备案的,由住房和城乡建设主管部门责令改正,处五千元以下罚款。"因此,该建筑公司的高层住宅楼应由住房和城乡建设主管部门、消防救援机构按照各自职权责令停止施工、停止使用或者停产停业,并处三万元以上三十万元以下罚款。

法律依据

《中华人民共和国消防法》

第五十八条 违反本法规定,有下列行为之一的,由住房和城乡建设主管部门、消防救援机构按照各自职权责令停止施工、停止使用或者停产停业，并处三万元以上三十万元以下罚款：

（一）依法应当进行消防设计审查的建设工程，未经依法审查或者审查不合格，擅自施工的；

（二）依法应当进行消防验收的建设工程，未经消防验收或者消防验收不合格，擅自投入使用的；

（三）本法第十三条规定的其他建设工程验收后经依法抽查不合格，不停止使用的；

（四）公众聚集场所未经消防救援机构许可，擅自投入使用、营业的，或者经核查发现场所使用、营业情况与承诺内容不符的。

核查发现公众聚集场所使用、营业情况与承诺内容不符，经责令限期改正，逾期不整改或者整改后仍达不到要求的，依法撤销相应许可。

建设单位未依照本法规定在验收后报住房和城乡建设主管部门备案的，由住房和城乡建设主管部门责令改正，处五千元以下罚款。

消防安全提示

建设工程消防验收可以确保建筑物的质量和安全。如果建筑消防验收不合格，必须依法停止使用，并承担法律责任，以维护公共安全和过往人员的权益。在生产生活中应重视建筑工程消防验收，维护生命财产安全。

59. 公众聚集场所未经消防救援机构许可，擅自投入使用、营业的，应当承担什么责任？

情景再现

某市新建一所大型商场，开业当天发生火灾，当地消防救援机构及时赶到现场救援，并未出现人员伤亡。经调查，消防救援机构尚未对该商场进行合规审查和许可。商场管理方在既未经过必要的消防安全审查和合规检查也未对商场内的消防设备进行测试的情况下就投入使用，因此发生故障导致火灾。请问，公众聚集场所未经消防救援机构许可，擅自投入使用、营业的，应当承担什么责任？

依法解答

《中华人民共和国消防法》第五十八条规定："违反本法规定，有下列行为之一的，由住房和城乡建设主管部门、消防救援机构按照各自职权责令停止施工、停止使用或者停产停业，并处三万元以上三十万元以下罚款……（四）公众聚集场所未经消防救援机构许可，擅自投入使用、营业的，或者经核查发现场所使用、营业情况与承诺内容不符的。核查发现公众聚集场所使用、营业情况与承诺内容不符，经责令限期改正，逾期不整改或者整改后仍达不到要求的，依法撤销相应许可。建设单位未依照本法规定在验收后报住房和城乡建设主管部门备案的，由住房和城乡建设主管部门责令改正，处五千元以下罚款。"因此，该大型商场应由住房和城乡建设主管部门、消防救援机构按照各自职权责令停止施工、停止使用或者停产停业,并处三万元以上三十万元以下罚款。经责令限期改正,逾期不整改或者整改后仍达不到要求的,依法撤销相应许可。

法律依据

《中华人民共和国消防法》

第五十八条 违反本法规定,有下列行为之一的,由住房和城乡建设主管部门、消防救援机构按照各自职权责令停止施工、停止使用或者停产停业,并处三万元以上三十万元以下罚款:

(一)依法应当进行消防设计审查的建设工程,未经依法审查或者审查不合格,擅自施工的;

(二)依法应当进行消防验收的建设工程,未经消防验收或者消防验收不合格,擅自投入使用的;

(三)本法第十三条规定的其他建设工程验收后经依法抽查不合格,不停止使用的;

(四)公众聚集场所未经消防救援机构许可,擅自投入使用、营业的,或者经核查发现场所使用、营业情况与承诺内容不符的。

核查发现公众聚集场所使用、营业情况与承诺内容不符,经责令限期改正,逾期不整改或者整改后仍达不到要求的,依法撤销相应许可。

建设单位未依照本法规定在验收后报住房和城乡建设主管部门备案的,由住房和城乡建设主管部门责令改正,处五千元以下罚款。

消防安全提示

公众聚集场所在投入使用前,应该遵循消防安全规定并取得必要的许可。忽视这些规定将导致严重的法律后果,并危及公众的生命和财产安全。公众聚集场所的管理方必须始终确保消防安全的合规性。

60. 建设单位未依照法律规定在验收后报住房和城乡建设主管部门备案的,应该承担什么责任?

情景再现

某市的一家建设公司在建设了一座新的住宅小区后,未依照法律规定在验收后报住房和城乡建设主管部门备案。这一违规行为最终引发了一系列的问题。该建设公司的总经理忽视了备案的重要性,他认为,完成了建设工程的验收就足够了,因此没有及时向相关部门报备。当地的住房和城乡建设主管部门对该区域进行定期检查,发现该建设公司未按规定备案,这违反了消防法规和建设工程相关规定。那么,建设单位未依照法律规定在验收后报住房和城乡建设主管部门备案的,应该承担什么责任?

依法解答

根据《中华人民共和国消防法》第五十八条规定,建设单位未依照本法规定在验收后报住房和城乡建设主管部门备案的,由住房和城乡建设主管部门责令改正,处五千元以下罚款。结合《房屋建筑和市政基础设施工程竣工验收备案管理办法》第四条、第九条规定,该建设公司未在验收后报住房和城乡建设主管部门备案的行为是违法的,给住户的生命财产安全造成了一定的隐患,应该承担相应的法律责任。

法律依据

《中华人民共和国消防法》

第五十八条 违反本法规定,有下列行为之一的,由住房和城乡建设主管部门、消防救援机构按照各自职权责令停止施工、停止使用或者停产停业,并处三万元以上三十万元以下罚款:

(一)依法应当进行消防设计审查的建设工程,未经依法审查或者审查不合格,擅自施工的;

(二)依法应当进行消防验收的建设工程,未经消防验收或者消防验收不合格,擅自投入使用的;

(三)本法第十三条规定的其他建设工程验收后经依法抽查不合格,不停止使用的;

(四)公众聚集场所未经消防救援机构许可,擅自投入使用、营业的,或者经核查发现场所使用、营业情况与承诺内容不符的。

核查发现公众聚集场所使用、营业情况与承诺内容不符,经责令限期改正,逾期不整改或者整改后仍达不到要求的,依法撤销相应许可。

建设单位未依照本法规定在验收后报住房和城乡建设主管

部门备案的，由住房和城乡建设主管部门责令改正，处五千元以下罚款。

《房屋建筑和市政基础设施工程竣工验收备案管理办法》

第四条 建设单位应当自工程竣工验收合格之日起 15 日内，依照本办法规定，向工程所在地的县级以上地方人民政府建设主管部门（以下简称备案机关）备案。

第九条 建设单位在工程竣工验收合格之日起 15 日内未办理工程竣工验收备案的，备案机关责令限期改正，处 20 万元以上 50 万元以下罚款。

消防安全提示

建设单位应遵守消防法规，包括及时办理备案手续，以确保建筑物的消防安全。忽视这些规定可能导致严重的法律后果，同时也危及了居民的生命和财产安全。建设单位必须始终遵守相关法规以确保公共安全。

61. 建设单位要求建筑设计单位或者建筑施工企业降低消防技术标准设计、施工的，应当承担什么责任？

情景再现

某市一家建设单位在建设商业大厦时为了节省成本、缩短工程周期，要求建筑设计公司和施工企业降低消防技术标准。这一做法导致该建筑消防设备无法正常使用，无法有效应对突发紧急情况。当地住房和城乡建设主管部门在对大厦进行检查

第六章 法律责任

时，发现了这一问题。那么，建设单位要求建筑设计单位或者建筑施工企业降低消防技术标准设计、施工的，应当承担什么责任？

依法解答

《中华人民共和国消防法》第五十九条规定："违反本法规定，有下列行为之一的，由住房和城乡建设主管部门责令改正或者停止施工，并处一万元以上十万元以下罚款：（一）建设单位要求建筑设计单位或者建筑施工企业降低消防技术标准设计、施工的……"结合《建设工程消防设计审查验收管理暂行规定》第九条，建设单位要求建筑设计单位或者建筑施工企业降低消防技术标准设计、施工的行为是违法的，住房和城乡建设主管部门应责令该单位改正或者停止施工，并处一万元以上十万元以下罚款。

法律依据

《中华人民共和国消防法》

第五十九条 违反本法规定，有下列行为之一的，由住房和城乡建设主管部门责令改正或者停止施工，并处一万元以上十万元以下罚款：

（一）建设单位要求建筑设计单位或者建筑施工企业降低消防技术标准设计、施工的；

（二）建筑设计单位不按照消防技术标准强制性要求进行消防设计的；

（三）建筑施工企业不按照消防设计文件和消防技术标准施工，降低消防施工质量的；

（四）工程监理单位与建设单位或者建筑施工企业串通，弄虚作假，降低消防施工质量的。

《建设工程消防设计审查验收管理暂行规定》

第九条 建设单位应当履行下列消防设计、施工质量责任和义务：

（一）不得明示或者暗示设计、施工、工程监理、技术服务等单位及其从业人员违反建设工程法律法规和国家工程建设消防技术标准，降低建设工程消防设计、施工质量；

（二）依法申请建设工程消防设计审查、消防验收，办理备案并接受抽查；

（三）实行工程监理的建设工程，依法将消防施工质量委托监理；

（四）委托具有相应资质的设计、施工、工程监理单位；

（五）按照工程消防设计要求和合同约定，选用合格的消防产品和满足防火性能要求的建筑材料、建筑构配件和设备；

（六）组织有关单位进行建设工程竣工验收时，对建设工程是否符合消防要求进行查验；

（七）依法及时向档案管理机构移交建设工程消防有关档案。

消防安全提示

建设单位作为建筑工程的第一责任主体，必须牢固树立消防安全意识，严格执行消防法律法规和技术标准，从源头上预防和减少火灾事故的发生，切实保障人民群众的生命财产安全和社会公共安全。

62. 建筑设计单位不按照消防技术标准强制性要求进行消防设计的，应当承担什么责任？

情景再现

某市一家建筑设计公司在一个新建高层住宅项目中，未按照消防技术标准的强制性要求进行消防设计，这一违规行为引发了一系列的问题。该建筑设计公司的设计师在设计这座高层住宅时，忽视了消防技术标准的重要性，试图在设计中节省成本和时间。这一决定导致建筑的消防设备和设计不符合规定，无法在发生火灾时有效应对。当地住房和城乡建设主管部门进行定期检查时，发现了这一严重问题并向该公司提出了严厉的警告。那么，建筑设计单位不按照消防技术标准强制性要求进行消防设计的，应当承担什么责任？

依法解答

《中华人民共和国消防法》第五十九条规定："违反本法规定，有下列行为之一的，由住房和城乡建设主管部门责令改正或者停止施工，并处一万元以上十万元以下罚款……（二）建筑设计单位不按照消防技术标准强制性要求进行消防设计的……"因此，建筑设计单位不按照消防技术标准强制性要求进行消防设计的行为，违反了相关法律，住房和城乡建设主管部门应责令该单位改正或者停止施工，并处一万元以上十万元以下罚款。

法律依据

《中华人民共和国消防法》

第五十九条 违反本法规定，有下列行为之一的，由住房和城乡建设主管部门责令改正或者停止施工，并处一万元以上十万元以下罚款：

（一）建设单位要求建筑设计单位或者建筑施工企业降低消防技术标准设计、施工的；

（二）建筑设计单位不按照消防技术标准强制性要求进行消防设计的；

（三）建筑施工企业不按照消防设计文件和消防技术标准施工，降低消防施工质量的；

（四）工程监理单位与建设单位或者建筑施工企业串通，弄虚作假，降低消防施工质量的。

消防安全提示

建筑设计单位应严格执行消防技术标准强制性要求。规范的消防设计有利于降低建筑物火灾风险，减少火灾损失，维护社会公共安全。如果建筑设计单位忽视消防技术标准，降低消防设计标准，设计缺陷一旦形成，后期整改难度大、成本高，甚至可能造成无法挽回的损失。因此，建筑设计单位必须牢固树立消防安全责任意识,严格执行消防技术标准中的强制性要求,确保消防设计科学、规范、可靠。同时,要积极参与消防设计审查、施工配合和验收工作,只有从源头上把好消防设计关,才能有效预防和减少火灾事故发生。

63. 建筑施工企业不按照消防设计文件和消防技术标准施工,降低消防施工质量的,应承担什么责任?

情景再现

某市的一家建筑建设公司,在一个新建的商业综合体项目中,未按照消防设计文件和消防技术标准施工,降低了消防施工质量。该建设公司的施工经理为了缩短工程周期、降低成本,忽视了消防施工的重要性,试图减少工程中的相关费用。这一行为导致建筑的消防设备和系统不按照设计文件和技术标准进行施工,无法有效应对火灾。当地住房和城乡建设主管部门在对该商业综合体项目进行定期检查时,发现了严重的问题。那么,建筑施工企业不按照消防设计文件和消防技术标准施工,降低消防施工质量的,应承担什么责任?

依法解答

《中华人民共和国消防法》第五十九条规定:"违反本法规定,有下列行为之一的,由住房和城乡建设主管部门责令改正或者停止施工,并处一万元以上十万元以下罚款……(三)建筑施工企业不按照消防设计文件和消防技术标准施工,降低消防施工质量的……"因此，住房和城乡建设主管部门应责令该建筑建设公司改正或者停止施工，并处一万元以上十万元以下罚款。

法律依据

《中华人民共和国消防法》

第五十九条 违反本法规定，有下列行为之一的，由住房和城乡建设主管部门责令改正或者停止施工，并处一万元以上十万元以下罚款：

（一）建设单位要求建筑设计单位或者建筑施工企业降低消防技术标准设计、施工的；

（二）建筑设计单位不按照消防技术标准强制性要求进行消防设计的；

（三）建筑施工企业不按照消防设计文件和消防技术标准施工，降低消防施工质量的；

（四）工程监理单位与建设单位或者建筑施工企业串通，弄虚作假，降低消防施工质量的。

消防安全提示

建筑施工企业应按照消防设计文件和技术标准施工，以确保消防施工质量和公共安全。忽视这些规定可能导致严重的法律后果，同时也危及居民和员工的生命和财产安全。施工企业必须为公共安全承担责任，确保消防施工质量的合规性。

64. 工程监理单位与建设单位或者建筑施工企业串通，弄虚作假，降低消防施工质量的，应承担什么责任？

🎬 情景再现

某地一大型商业综合体项目在建设过程中，工程监理单位与甲建设单位、乙施工企业串通，在消防工程施工中弄虚作假，严重降低消防施工质量。经调查发现，该项目存在多项消防安全隐患。在施工过程中，监理单位未履行应有的监理职责，对上述问题视而不见，甚至在消防验收前与甲建设单位、乙施工企业串通，伪造监理记录和检测报告，企图蒙混过关。当地消防救援机构对该工程进行检查时发现存在的问题，要求其整改，避免了因施工质量不符合要求导致危险发生的可能。请问，工程监理单位与建设单位或者建筑施工企业串通，弄虚作假，降低消防施工质量的，应承担什么责任？

⚖️ 依法解答

《中华人民共和国消防法》第五十九条规定："违反本法规定，有下列行为之一的，由住房和城乡建设主管部门责令改正或者停止施工，并处一万元以上十万元以下罚款……（四）工程监理单位与建设单位或者建筑施工企业串通，弄虚作假，降低消防施工质量的。"因此，本案中的商业综合体项目应由住房和城乡建设主管部门责令改正或者停止施工，处一万元以上十万元以下罚款，并对相关人员进行追责。

法律依据

《中华人民共和国消防法》

第五十九条 违反本法规定，有下列行为之一的，由住房和城乡建设主管部门责令改正或者停止施工，并处一万元以上十万元以下罚款：

（一）建设单位要求建筑设计单位或者建筑施工企业降低消防技术标准设计、施工的；

（二）建筑设计单位不按照消防技术标准强制性要求进行消防设计的；

（三）建筑施工企业不按照消防设计文件和消防技术标准施工，降低消防施工质量的；

（四）工程监理单位与建设单位或者建筑施工企业串通，弄虚作假，降低消防施工质量的。

消防安全提示

工程监理单位、建设单位和建筑施工企业之间的合作应该严格遵守法规和消防技术标准，以确保消防施工质量和公共安全。忽视这些规定可能导致严重的法律后果，同时危及居民和员工的生命和财产安全。所有涉及方都必须为公共安全承担责任，确保消防施工质量的合规性。

65. 消防设施、器材或者消防安全标志的配置、设置不符合国家标准、行业标准，或者未保持完好有效的，单位应承担什么责任？

情景再现

某市一家制造公司的总经理为了降低成本、提高生产效率，忽视了消防安全的重要性，未定期维护和检查办公楼内灭火器、喷淋设备等消防设施。同时，未按照规定设置消防安全标志，导致员工对火警的识别和应对能力不足。一名员工在生产车间工作时不慎引发火灾。由于缺乏有效的灭火设备，火势蔓延，车间员工无法根据安全标志迅速找到紧急出口，因此造成严重损失。那么，消防设施、器材或者消防安全标志的配置、设置不符合国家标准、行业标准，或者未保持完好有效的，单位应承担什么责任？

依法解答

《中华人民共和国消防法》第六十条规定："单位违反本法规定，有下列行为之一的，责令改正，处五千元以上五万元以下罚款：（一）消防设施、器材或者消防安全标志的配置、设置不符合国家标准、行业标准，或者未保持完好有效的……个人有前款第二项、第三项、第四项、第五项行为之一的，处警告或者五百元以下罚款。有本条第一款第三项、第四项、第五项、第六项行为，经责令改正拒不改正的，强制执行，所需费用由违法行为人承担。"因此，对于该公司不按照国家标准、行业标准配置、设置消防设施、器材和消防安全标志的行为，当地相关消防机构应责令改正，并对该制造公司处五千元以上五万元以下罚款。

法律依据

《中华人民共和国消防法》

第六十条 单位违反本法规定，有下列行为之一的，责令改正，处五千元以上五万元以下罚款：

（一）消防设施、器材或者消防安全标志的配置、设置不符合国家标准、行业标准，或者未保持完好有效的；

（二）损坏、挪用或者擅自拆除、停用消防设施、器材的；

（三）占用、堵塞、封闭疏散通道、安全出口或者有其他妨碍安全疏散行为的；

（四）埋压、圈占、遮挡消火栓或者占用防火间距的；

（五）占用、堵塞、封闭消防车通道，妨碍消防车通行的；

（六）人员密集场所在门窗上设置影响逃生和灭火救援的障碍物的；

（七）对火灾隐患经消防救援机构通知后不及时采取措施消除的。

个人有前款第二项、第三项、第四项、第五项行为之一的，处警告或者五百元以下罚款。

有本条第一款第三项、第四项、第五项、第六项行为，经责令改正拒不改正的，强制执行，所需费用由违法行为人承担。

第六章 法律责任

消防安全提示

正确配置和维护消防设施、设置消防安全标志对于预防火灾事故、减少火灾损失以及保护生命安全具有不可替代的重要性。忽视相关规定,不正确配置消防设施、安全标志可能造成严重后果,危及员工生命安全和财产安全,须承担相应法律责任。各机关、团体、企业、事业等单位必须为公共安全承担责任,确保消防设施和安全标志的合规性。

66. 损坏、挪用或者擅自拆除、停用消防设施、器材的,单位和个人应承担什么责任?

情景再现

某市一家工业公司成为一起关于损坏、挪用和擅自拆除消防设施的火灾事件的焦点。这家公司损坏了其建筑内的灭火器和消防喷淋系统,并将部分灭火器挪用到其他地方,忽视消防设施的重要性,违反了消防安全法规。某日意外起火后,由于消防设施、器材无法正常使用,火势无法控制,造成严重事故。相关部门对火灾事故进行深入调查后,发现了该公司的违法行为。请问,损坏、挪用或者擅自拆除、停用消防设施、器材的,单位和个人应承担什么责任?

依法解答

《中华人民共和国消防法》第六十条规定:"单位违反本法

规定，有下列行为之一的，责令改正，处五千元以上五万元以下罚款……（二）损坏、挪用或者擅自拆除、停用消防设施、器材的……个人有前款第二项、第三项、第四项、第五项行为之一的，处警告或者五百元以下罚款。有本条第一款第三项、第四项、第五项、第六项行为，经责令改正拒不改正的，强制执行，所需费用由违法行为人承担。"该公司损坏、挪用或者擅自拆除、停用消防设施、器材的行为，造成了严重后果，相关部门应责令其改正，处五千元以上五万元以下罚款。

法律依据

《中华人民共和国消防法》

第六十条 单位违反本法规定，有下列行为之一的，责令改正，处五千元以上五万元以下罚款：

（一）消防设施、器材或者消防安全标志的配置、设置不符合国家标准、行业标准，或者未保持完好有效的；

（二）损坏、挪用或者擅自拆除、停用消防设施、器材的；

（三）占用、堵塞、封闭疏散通道、安全出口或者有其他妨碍安全疏散行为的；

（四）埋压、圈占、遮挡消火栓或者占用防火间距的；

（五）占用、堵塞、封闭消防车通道，妨碍消防车通行的；

（六）人员密集场所在门窗上设置影响逃生和灭火救援的障碍物的；

（七）对火灾隐患经消防救援机构通知后不及时采取措施消除的。

个人有前款第二项、第三项、第四项、第五项行为之一的，处警告或者五百元以下罚款。

有本条第一款第三项、第四项、第五项、第六项行为，经责令改正拒不改正的，强制执行，所需费用由违法行为人承担。

消防安全提示

确保公共安全，维护消防设施的完好和有效是每个单位与个人义不容辞的责任。忽视相关规定将导致严重的法律后果，同时危及员工的生命和财产安全。单位和个人必须为公共安全承担责任，不得损坏、挪用或者擅自拆除消防设施，各单位应建立建筑消防设施日常维护保养制度，每年至少进行一次全面检测，确保消防设施完好有效。

67. 占用、堵塞、封闭疏散通道、安全出口或者有其他妨碍安全疏散行为的，单位和个人应承担什么责任？

情景再现

某市一家公司的行政经理为了方便仓库的货物存放、提高生产效率，允许员工将货物堆放在紧急疏散通道和安全出口，以致公司突然发生火情时，员工急于逃生，但紧急疏散通道和安全出口被堵塞，无法正常使用，导致火灾现场混乱和疏散延误，幸运的是，消防部门及时赶到，扑灭了火势。请问，占用、堵塞、封闭疏散通道、安全出口或者有其他妨碍安全疏散行为的，单位和个人应承担什么责任？

依法解答

《中华人民共和国消防法》第六十条规定:"单位违反本法规定,有下列行为之一的,责令改正,处五千元以上五万元以下罚款……(三)占用、堵塞、封闭疏散通道、安全出口或者有其他妨碍安全疏散行为的……个人有前款第二项、第三项、第四项、第五项行为之一的,处警告或者五百元以下罚款。有本条第一款第三项、第四项、第五项、第六项行为,经责令改正拒不改正的,强制执行,所需费用由违法行为人承担。"因此,该公司占用、堵塞、封闭疏散通道、安全出口或者有其他妨碍安全疏散的行为造成安全隐患,应由相关部门责令改正,处五千元以上五万元以下罚款。

法律依据

《中华人民共和国消防法》

第六十条 单位违反本法规定,有下列行为之一的,责令改正,处五千元以上五万元以下罚款:

(一)消防设施、器材或者消防安全标志的配置、设置不符合国家标准、行业标准,或者未保持完好有效的;

(二)损坏、挪用或者擅自拆除、停用消防设施、器材的;

(三)占用、堵塞、封闭疏散通道、安全出口或者有其他妨碍安全疏散行为的;

(四)埋压、圈占、遮挡消火栓或者占用防火间距的;

(五)占用、堵塞、封闭消防车通道,妨碍消防车通行的;

（六）人员密集场所在门窗上设置影响逃生和灭火救援的障碍物的；

（七）对火灾隐患经消防救援机构通知后不及时采取措施消除的。

个人有前款第二项、第三项、第四项、第五项行为之一的，处警告或者五百元以下罚款。

有本条第一款第三项、第四项、第五项、第六项行为，经责令改正拒不改正的，强制执行，所需费用由违法行为人承担。

消防安全提示

疏散通道和安全出口是火灾发生时逃生的重要路径。如果被占用、堵塞或封闭，发生火灾时被困人员无法快速撤离火灾现场，那么极易造成拥挤、踩踏，导致伤亡人数增加。因此，任何单位和个人都不得占用、堵塞、封闭疏散通道和安全出口。

68. 埋压、圈占、遮挡消火栓或者占用防火间距的，单位和个人应承担什么责任？

情景再现

某市一家制药公司成为一起埋压、圈占和遮挡消火栓，以及占用防火间距案件的焦点。该制药公司的厂长为了扩大生产区域和提高库存容量，允许员工将货物堆放在消火栓旁边，导致多个消火栓被货物遮挡，如遇紧急情况无法快速投入使用。此外，该公司还在防火间距内放置了过多设备，违反相关规定。

那么，埋压、圈占、遮挡消火栓或者占用防火间距的，单位和个人应承担什么责任？

依法解答

《中华人民共和国消防法》第六十条规定："单位违反本法规定，有下列行为之一的，责令改正，处五千元以上五万元以下罚款……（四）埋压、圈占、遮挡消火栓或者占用防火间距的……个人有前款第二项、第三项、第四项、第五项行为之一的，处警告或者五百元以下罚款。有本条第一款第三项、第四项、第五项、第六项行为，经责令改正拒不改正的，强制执行，所需费用由违法行为人承担。"因此，该公司埋压、圈占、遮挡消火栓或者占用防火间距的行为，造成火灾安全隐患，应由当地相关机构责令改正，处五千元以上五万元以下罚款。

法律依据

《中华人民共和国消防法》

第六十条　单位违反本法规定，有下列行为之一的，责令改正，处五千元以上五万元以下罚款：

（一）消防设施、器材或者消防安全标志的配置、设置不符合国家标准、行业标准，或者未保持完好有效的；

（二）损坏、挪用或者擅自拆除、停用消防设施、器材的；

（三）占用、堵塞、封闭疏散通道、安全出口或者有其他妨碍安全疏散行为的；

（四）埋压、圈占、遮挡消火栓或者占用防火间距的；

第六章 法律责任

（五）占用、堵塞、封闭消防车通道，妨碍消防车通行的；

（六）人员密集场所在门窗上设置影响逃生和灭火救援的障碍物的；

（七）对火灾隐患经消防救援机构通知后不及时采取措施消除的。

个人有前款第二项、第三项、第四项、第五项行为之一的，处警告或者五百元以下罚款。

有本条第一款第三项、第四项、第五项、第六项行为，经责令改正拒不改正的，强制执行，所需费用由违法行为人承担。

消防安全提示

维护消防设施的完整性和防火间距的畅通，是每个社会成员应尽的责任。消火栓是火灾初期的关键灭火水源；而防火间距是阻止火势蔓延的重要屏障，若被占用，则可能使火灾迅速扩散至相邻建筑，造成更大范围的人员伤亡和财产损失。单位和个人必须确保消火栓不被埋压、圈占、遮挡，且防火间距不被占用，保障公共消防安全。

69. 占用、堵塞、封闭消防车通道，妨碍消防车通行的，单位和个人应承担什么责任？

情景再现

某市一家工程公司的项目经理，为了施工和存放建筑材料便捷，允许员工将材料和设备放置在消防车通道上，导致消防车通道堵塞，妨碍消防车辆的通行。后该公司突发火情，公司员工虽试图灭火，但消防车通道被堵塞，消防车无法及时通过，导致火势迅速蔓延。那么，占用、堵塞、封闭消防车通道，妨碍消防车通行的，单位和个人应承担什么责任？

依法解答

《中华人民共和国消防法》第六十条规定:"单位违反本法规定,有下列行为之一的,责令改正,处五千元以上五万元以下罚款……(五)占用、堵塞、封闭消防车通道,妨碍消防车通行的……个人有前款第二项、第三项、第四项、第五项行为之一的,处警告或者五百元以下罚款。有本条第一款第三项、第四项、第五项、第六项行为,经责令改正拒不改正的,强制执行,所需费用由违法行为人承担。"本案中,该公司占用、堵塞、封闭消防车通道,妨碍消防车通行的行为,使得火灾时消防车无法及时赶到火灾现场,阻碍火灾施救,应由当地相关机构责令改正,处五千元以上五万元以下罚款。

法律依据

《中华人民共和国消防法》

第六十条 单位违反本法规定,有下列行为之一的,责令改正,处五千元以上五万元以下罚款:

(一)消防设施、器材或者消防安全标志的配置、设置不符合国家标准、行业标准,或者未保持完好有效的;

(二)损坏、挪用或者擅自拆除、停用消防设施、器材的;

(三)占用、堵塞、封闭疏散通道、安全出口或者有其他妨碍安全疏散行为的;

(四)埋压、圈占、遮挡消火栓或者占用防火间距的;

(五)占用、堵塞、封闭消防车通道,妨碍消防车通行的;

（六）人员密集场所在门窗上设置影响逃生和灭火救援的障碍物的；

（七）对火灾隐患经消防救援机构通知后不及时采取措施消除的。

个人有前款第二项、第三项、第四项、第五项行为之一的，处警告或者五百元以下罚款。

有本条第一款第三项、第四项、第五项、第六项行为，经责令改正拒不改正的，强制执行，所需费用由违法行为人承担。

消防安全提示

消防通道是公共应急救援的基础设施，是至关重要的"生命通道"。不得占用、堵塞、封闭消防车通道的规定对确保公共安全具有重要意义，忽视这些规定将导致严重的法律后果，同时危及员工的生命和财产安全。单位和个人必须为公共安全承担责任，确保消防车通道的畅通。

70. 对人员密集场所在门窗上设置影响逃生和灭火救援的障碍物的，应承担什么责任？

情景再现

某市一家购物中心成为一起设置影响逃生和灭火救援障碍物案件的焦点。该购物中心的经理出于增加商品陈列和吸引顾客的目的，允许员工在门窗上设置大量装饰物和广告牌。这些装饰物挡住了门窗，影响了逃生通道的畅通，同时妨碍了灭火救援的进行。某日,该购物中心突发火情,顾客急于逃生,但由于逃生门窗被障碍物堵住,无法正常使用,延误了现场逃生时间。请问,对人员密集场所在门窗上设置影响逃生和灭火救援的障碍物的,应承担什么责任?

依法解答

《中华人民共和国消防法》第六十条规定:"单位违反本法规定,有下列行为之一的,责令改正,处五千元以上五万元以下罚款……(六)人员密集场所在门窗上设置影响逃生和灭火救援的障碍物的……个人有前款第二项、第三项、第四项、第五项行为之一的,处警告或者五百元以下罚款。有本条第一款第三项、第四项、第五项、第六项行为,经责令改正拒不改正的,强制执行,所需费用由违法行为人承担。"本案中,该购物中心在门窗上设置影响逃生和灭火救援的障碍物的行为,违反了相关法律法规,影响火灾时的逃生效率,应由当地相关机构责令改正,处五千元以上五万元以下罚款。

法律依据

《中华人民共和国消防法》

第六十条 单位违反本法规定,有下列行为之一的,责令改正,处五千元以上五万元以下罚款:

(一)消防设施、器材或者消防安全标志的配置、设置不符合国家标准、行业标准,或者未保持完好有效的;

(二)损坏、挪用或者擅自拆除、停用消防设施、器材的;

（三）占用、堵塞、封闭疏散通道、安全出口或者有其他妨碍安全疏散行为的；

（四）埋压、圈占、遮挡消火栓或者占用防火间距的；

（五）占用、堵塞、封闭消防车通道，妨碍消防车通行的；

（六）人员密集场所在门窗上设置影响逃生和灭火救援的障碍物的；

（七）对火灾隐患经消防救援机构通知后不及时采取措施消除的。

个人有前款第二项、第三项、第四项、第五项行为之一的，处警告或者五百元以下罚款。

有本条第一款第三项、第四项、第五项、第六项行为，经责令改正拒不改正的，强制执行，所需费用由违法行为人承担。

消防安全提示

单位和个人均有责任确保人员密集场所的门窗畅通无阻，不得安装或放置任何可能妨碍紧急疏散和消防救援的障碍物，以维护公共安全，否则会面临严重的法律后果，危及顾客及员工的生命安全。因此，任何单位和个人都不得在人员密集场所的门窗上设置障碍物影响逃生和灭火救援，必须严格遵守安全规定，保障门窗畅通，确保公共安全。

71. 生产、储存、经营易燃易爆危险品的场所与居住场所设置在同一建筑物内的，应承担什么责任？

💬 情景再现

某工厂以烟花爆竹生产、销售为主要业务，但该工厂小本经营，注册资本少，厂区面积有限。为降低工厂运营成本，给员工提供住宿便利，该工厂将储存烟花爆竹的仓库一角当作员工宿舍。这样的布局不仅违反相关法律法规，还危及员工和邻近居民的生命财产安全。请问，生产、储存、经营易燃易爆危险品的场所与居住场所设置在同一建筑物内的，应承担什么责任？

⚖ 依法解答

根据《烟花爆竹安全管理条例》第八条规定，生产烟花爆竹的企业，应当选址符合城乡规划，并与周边建筑、设施保持必要的安全距离。该工厂不得将员工宿舍与储存烟花爆竹的仓库设置在同一建筑内。《中华人民共和国消防法》第六十一条规定："生产、储存、经营易燃易爆危险品的场所与居住场所设置在同一建筑物内，或者未与居住场所保持安全距离的，责令停产停业，并处五千元以上五万元以下罚款。生产、储存、经营其他物品的场所与居住场所设置在同一建筑物内，不符合消防技术标准的，依照前款规定处罚。"

本案中，该工厂生产、储存、经营易燃易爆危险品的场所与居住场所设置在同一建筑物内的行为，造成了消防安全隐患，应由当地相关部门责令停产停业,并处五千元以上五万元以下罚款。

法律依据

《中华人民共和国消防法》

第六十一条 生产、储存、经营易燃易爆危险品的场所与居住场所设置在同一建筑物内,或者未与居住场所保持安全距离的,责令停产停业,并处五千元以上五万元以下罚款。

生产、储存、经营其他物品的场所与居住场所设置在同一建筑物内,不符合消防技术标准的,依照前款规定处罚。

《烟花爆竹安全管理条例》

第八条 生产烟花爆竹的企业,应当具备下列条件:

(一)符合当地产业结构规划;

(二)基本建设项目经过批准;

(三)选址符合城乡规划,并与周边建筑、设施保持必要的安全距离;

(四)厂房和仓库的设计、结构和材料以及防火、防爆、防雷、防静电等安全设备、设施符合国家有关标准和规范;

(五)生产设备、工艺符合安全标准;

(六)产品品种、规格、质量符合国家标准;

(七)有健全的安全生产责任制;

(八)有安全生产管理机构和专职安全生产管理人员;

(九)依法进行了安全评价;

(十)有事故应急救援预案、应急救援组织和人员,并配备

必要的应急救援器材、设备;

(十一)法律、法规规定的其他条件。

消防安全提示

任何单位都不得将生产、储存、经营易燃易爆危险品的场所与居住场所设置在同一建筑物内,这是保障公共安全的基本要求,有助于确保公共安全。忽视此规定会危及员工和社区居民的生命与安全,须承担相应的法律责任。单位和个人必须承担维护公共安全之责任,确保易燃易爆危险品的安全生产和储存安全。

72. 生产、储存、经营易燃易爆危险品的场所未与居住场所保持安全距离的,应承担什么责任?

情景再现

某市一家化工厂的厂长为了方便生产、降低运输成本,将易燃易爆危险品储存在距离附近居民区较近的仓库内。这一决定严重违反相关法律规定,危及附近居民的生命和财产安全。某日,由于设备故障,仓库内危险品泄漏,引发火灾。火势迅速蔓延,威胁到附近居民区的安全。消防部门虽及时赶到,但由于工厂与居住区的距离过近,火势短时间难以有效控制。那么,生产、储存、经营易燃易爆危险品的场所未与居住场所保持安全距离的,应承担什么责任?

依法解答

《中华人民共和国消防法》第六十一条规定："生产、储存、经营易燃易爆危险品的场所与居住场所设置在同一建筑物内,或者未与居住场所保持安全距离的,责令停产停业,并处五千元以上五万元以下罚款。生产、储存、经营其他物品的场所与居住场所设置在同一建筑物内,不符合消防技术标准的,依照前款规定处罚。"本案中,该工厂违反法律,未将易燃易爆危险品的仓库与居住区保持安全距离,造成严重后果,应由当地相关部门责令停产停业,并处五千元以上五万元以下罚款。

法律依据

《中华人民共和国消防法》

第六十一条 生产、储存、经营易燃易爆危险品的场所与居住场所设置在同一建筑物内,或者未与居住场所保持安全距离的,责令停产停业,并处五千元以上五万元以下罚款。

生产、储存、经营其他物品的场所与居住场所设置在同一建筑物内,不符合消防技术标准的,依照前款规定处罚。

消防安全提示

易燃易爆危险品的生产、储存、经营场所必须与居住场所保持安全距离,严禁混设。忽视消防安全规定会危害公共安全,增加火灾和爆炸事故的风险,导致无法挽回的生命财产损失。单位和个人必须严格遵守消防安全法规,确保易燃易爆危险品的安全管理,保障员工、社区居民以及环境的安全。

73. 非法携带易燃易爆危险品进入公共场所或者乘坐公共交通工具的，应该怎么处理？

情景再现

张某为家庭作坊式烟花厂的员工，平时负责烟花爆竹生产、运输等业务。某日，为节省交通费、寻求方便，张某携带烟花爆竹进入长途客运站，企图携带烟花爆竹乘坐公交车。张某既未进行申报，获得有关部门的许可，也未采取相应的安全措施。当其准备登车时，被查获。那么，非法携带易燃易爆危险品进入公共场所或者乘坐公共交通工具的，应该怎么处理？

依法解答

根据《中华人民共和国消防法》第六十二条规定，非法携带易燃易爆危险品进入公共场所或者乘坐公共交通工具的依照《中华人民共和国治安管理处罚法》的规定处罚。根据《中华人民共和国治安管理处罚法》第三十条规定，违反国家规定，制造、买卖、储存、运输、邮寄、携带、使用、提供、处置爆炸性、毒害性、放射性、腐蚀性物质或者传染病病原体等危险物质的，处十日以上十五日以下拘留；情节较轻的，处五日以上十日以下拘留。

张某既然为烟花厂的员工，就应当对烟花爆竹的危险性有一定的认识。其非法携带易燃易爆危险品进入公共场所，试图乘坐公共交通工具的行为，应当受到处罚，可以处十日以上十五日以下拘留；如果情节较轻的，处五日以上十日以下拘留。

法律依据

《中华人民共和国消防法》

第六十二条　有下列行为之一的,依照《中华人民共和国治安管理处罚法》的规定处罚:

(一)违反有关消防技术标准和管理规定生产、储存、运输、销售、使用、销毁易燃易爆危险品的;

(二)非法携带易燃易爆危险品进入公共场所或者乘坐公共交通工具的;

(三)谎报火警的;

(四)阻碍消防车、消防艇执行任务的;

(五)阻碍消防救援机构的工作人员依法执行职务的。

《中华人民共和国治安管理处罚法》

第三十条　违反国家规定,制造、买卖、储存、运输、邮寄、携带、使用、提供、处置爆炸性、毒害性、放射性、腐蚀性物质或者传染病病原体等危险物质的,处十日以上十五日以下拘留;情节较轻的,处五日以上十日以下拘留。

消防安全提示

易燃易爆危险品具有很强的危险性,需要按照相关规定严加保管,在不当处理或储存的情况下,极易引发火灾、爆炸等严重安全事故,不仅威胁到作业人员的生命安全,也可能对周边环境和居民生活造成不可预测的损害。涉及易燃易爆危险品的单位和个人,必须增强安全意识,加强安全管理,严格遵守法律法规,共同维护社会的安全稳定和人民的生命财产安全。

第六章 法律责任

74. 对于谎报火警的行为,应当如何处理?

> 我认识到自己的错误了,不该谎报火警。

情景再现

某市的一家工厂,发生了一起与谎报火警有关的事件。一名在工厂监控中心工作的员工,负责监视火警系统和处理紧急情况。某日,他感到无聊,决定制造一点刺激,便故意按下了火警报警按钮,向消防部门发送了虚假火警报警信息。消防部门接到火警报警后立即派遣消防队伍前来救火。同时,工厂的紧急疏散程序启动,员工被迫离开工作岗位,造成工作中断和混乱。消防车辆和救援队伍赶到工厂后,却发现没有火灾迹象。相关部门进行了调查,发现了虚假火警的原因。那么,对于谎报火警的行为,应当如何处理?

依法解答

根据《中华人民共和国消防法》第六十二条规定，谎报火警的，依照《中华人民共和国治安管理处罚法》的规定处罚。根据《中华人民共和国治安管理处罚法》第二十五条的规定，散布谣言，谎报险情、疫情、警情或者以其他方法故意扰乱公共秩序的，处五日以上十日以下拘留，可以并处五百元以下罚款；情节较轻的，处五日以下拘留或者五百元以下罚款。

任何人都应该严肃对待消防火警。该工厂员工为追求刺激，假报火警，导致工厂生产中断，警力资源浪费，给正常的生产、生活秩序造成严重影响。该员工的行为应该受到惩罚，应由相关部门按照《中华人民共和国治安管理处罚法》的规定处罚，处五日以上十日以下拘留，可以并处五百元以下罚款；情节较轻的，处五日以下拘留或者五百元以下罚款。如果触犯刑法，还要承担刑事责任。

法律依据

《中华人民共和国消防法》

第六十二条 有下列行为之一的，依照《中华人民共和国治安管理处罚法》的规定处罚：

（一）违反有关消防技术标准和管理规定生产、储存、运输、销售、使用、销毁易燃易爆危险品的；

（二）非法携带易燃易爆危险品进入公共场所或者乘坐公共交通工具的；

（三）谎报火警的；

（四）阻碍消防车、消防艇执行任务的；

（五）阻碍消防救援机构的工作人员依法执行职务的。

《中华人民共和国治安管理处罚法》

第二十五条　有下列行为之一的，处五日以上十日以下拘留，可以并处五百元以下罚款；情节较轻的，处五日以下拘留或者五百元以下罚款：

（一）散布谣言，谎报险情、疫情、警情或者以其他方法故意扰乱公共秩序的；

（二）投放虚假的爆炸性、毒害性、放射性、腐蚀性物质或者传染病病原体等危险物质扰乱公共秩序的；

（三）扬言实施放火、爆炸、投放危险物质扰乱公共秩序的。

消防安全提示

谎报火警是严重的违法行为，会扰乱公共秩序，造成警力、物力的浪费，延误对真实火情的响应和处理，严重威胁公共安全，引发严重的法律后果和极高的社会成本。因此，每个人都应当认识到谎报火警的严重性，遵守法律法规，不参与或纵容此类行为，谎报火警必须受到法律制裁，以维护公共安全和社会秩序。

75. 阻碍消防车、消防艇执行任务的，应该怎么处理？

情景再现

某居民小区发生了火灾，居民立即致电消防救援中心，消防车迅速赶到现场，却被停靠在消防通道上的一辆私家车挡住。物业联系车主甲，甲在接到电话后拒绝移动车辆。为了减少灾害损失，小区业主们决定将该私家车翻倒，让消防车通过，最终大火得以扑灭。请问，对于甲拒绝移动车辆的行为该如何处理？

依法解答

根据《中华人民共和国消防法》第六十二条规定，阻碍消防车、消防艇执行任务的，依照《中华人民共和国治安管理处罚法》的规定处罚。根据《中华人民共和国治安管理处罚法》第五十条规定，阻碍执行紧急任务的消防车、救护车、工程抢险车、警车等车辆通行的，处警告或者二百元以下罚款；情节严重的，处五日以上十日以下拘留，可以并处五百元以下罚款。甲占用消防通道且在得知消防车需要灭火后拒绝挪车，严重阻碍了消防车执行任务，已然触犯了法律，公安部门应当依法对其进行处理。

法律依据

《中华人民共和国消防法》

第六十二条 有下列行为之一的，依照《中华人民共和国治安管理处罚法》的规定处罚：

（一）违反有关消防技术标准和管理规定生产、储存、运输、销售、使用、销毁易燃易爆危险品的；

（二）非法携带易燃易爆危险品进入公共场所或者乘坐公共交通工具的；

（三）谎报火警的；

（四）阻碍消防车、消防艇执行任务的；

（五）阻碍消防救援机构的工作人员依法执行职务的。

《中华人民共和国治安管理处罚法》

第五十条　有下列行为之一的，处警告或者二百元以下罚款；情节严重的，处五日以上十日以下拘留，可以并处五百元以下罚款：

（一）拒不执行人民政府在紧急状态情况下依法发布的决定、命令的；

（二）阻碍国家机关工作人员依法执行职务的；

（三）阻碍执行紧急任务的消防车、救护车、工程抢险车、警车等车辆通行的；

（四）强行冲闯公安机关设置的警戒带、警戒区的。

阻碍人民警察依法执行职务的，从重处罚。

消防安全提示

消防工作事关人民群众的生命与财产安全，每个公民都有积极配合消防工作的义务，在消防车、消防艇执行任务时，应积极主动让行。阻碍消防车、消防艇的通行，尚未构成犯罪的，可能会被处警告、拘留、罚款的处罚，构成犯罪的，会被追究刑事责任。

76. 阻碍消防救援机构的工作人员依法执行职务的，应该怎么处理？

情景再现

某小区居民楼发生火灾，消防员找到起火点准备灭火时，小区保安小王却上前阻止，称水渍会破坏楼道环境。事后，阻拦灭火的保安小王被消防部门带至消防大队，其表示并不知道自己的行为是违法行为。那么，对于保安小王阻碍消防救援人员依法执行职务的行为该如何处理？

依法解答

根据《中华人民共和国消防法》第六十二条规定，阻碍消防救援机构的工作人员依法执行职务的，依照《中华人民共和国治安管理处罚法》的规定处罚。根据《中华人民共和国治安管理处罚法》第五十条规定，阻碍国家机关工作人员依法执行职务的，处警告或者二百元以下罚款；情节严重的，处五日以上十日以下拘留，可以并处五百元以下罚款。小王干扰消防队员灭火，阻碍了消防救援机构的工作人员依法执行任务，并不会因为不知自己的行为是违法行为而免予处罚。

法律依据

《中华人民共和国消防法》

第六十二条 有下列行为之一的，依照《中华人民共和国治安管理处罚法》的规定处罚：

（一）违反有关消防技术标准和管理规定生产、储存、运输、销售、使用、销毁易燃易爆危险品的；

（二）非法携带易燃易爆危险品进入公共场所或者乘坐公共交通工具的；

（三）谎报火警的；

（四）阻碍消防车、消防艇执行任务的；

（五）阻碍消防救援机构的工作人员依法执行职务的。

《中华人民共和国治安管理处罚法》

第五十条　有下列行为之一的，处警告或者二百元以下罚款；情节严重的，处五日以上十日以下拘留，可以并处五百元以下罚款：

（一）拒不执行人民政府在紧急状态情况下依法发布的决定、命令的；

（二）阻碍国家机关工作人员依法执行职务的；

（三）阻碍执行紧急任务的消防车、救护车、工程抢险车、警车等车辆通行的；

（四）强行冲闯公安机关设置的警戒带、警戒区的。

阻碍人民警察依法执行职务的，从重处罚。

消防安全提示

消防救援涉及公共安全、公民的人身和财产安全，阻碍消防救援会间接加大火灾对人民群众生命与财产安全带来的危害。阻碍消防救援机构的工作人员依法执行职务，尚未构成犯罪的，可能会被警告、拘留、罚款，构成犯罪的，会被追究法律责任。

77. 违反规定使用明火作业或者在具有火灾、爆炸危险的场所吸烟、使用明火的，应承担什么责任？

情景再现

王某和朋友李某驾车旅游，途中经过一座加油站，王某将车停靠在加油站加油，自己和李某下车去了加油站的厕所。进入厕所后，王某掏出了打火机欲抽烟，李某急忙劝阻道："在加油站不能抽烟！"王某不听劝告，还是抽起了烟。最后被工作人员发现，交由公安机关处理。请问王某在加油站一旁的厕所抽烟是否违法？如果违法，应当承担什么责任？

依法解答

根据《中华人民共和国消防法》第六十三条规定，违反规定使用明火作业或者在具有火灾、爆炸危险的场所吸烟、使用明火的，处警告或者五百元以下罚款；情节严重的，处五日以下拘留。加油站存储大量汽油和柴油，这些燃料的蒸气可能扩散到周围区域，即使厕所里没有明显的燃料味，微小的蒸气在遇到明火时也可能引发爆炸或火灾。王某在厕所内抽烟可能会引发爆炸事故，应依据《中华人民共和国消防法》予以处罚。

法律依据

《中华人民共和国消防法》

第六十三条 违反本法规定，有下列行为之一的，处警告或者五百元以下罚款；情节严重的，处五日以下拘留：

第六章 法律责任

（一）违反消防安全规定进入生产、储存易燃易爆危险品场所的；

（二）违反规定使用明火作业或者在具有火灾、爆炸危险的场所吸烟、使用明火的。

消防安全提示

在加油站等易燃易爆场所，我们必须保持高度警惕，某些易燃物品可能会挥发成易燃气体，使整个环境处于潜在的危险之中。为了确保公共安全，法律严禁在此类场所使用明火。保障公共安全是每个人的义务，每个公民都应当自觉地遵守这些规定。

78. 指使或者强令他人违反消防安全规定，冒险作业，尚不构成犯罪的，应如何处理？

情景再现

某地的消防救援机构在对辖区的一处购物中心进行监督检查时发现，程某在未取得特种作业操作证的情况下进行电焊作业，且现场安全防护措施未落实到位。施工现场负责人刘某为赶工程进度，在明知程某未取得焊工职业资格证书的情况下仍要求其进行电焊作业。请问，对于李某和程某的行为该如何处理？

依法解答

根据《中华人民共和国消防法》第二十一条规定，进行电焊、气焊等具有火灾危险作业的人员和自动消防系统的操作人员，必须持证上岗，并遵守消防安全操作规程。根据《中华人民共和国消防法》第六十四条规定，违反本法规定，指使或者强令他人违反消防安全规定，冒险作业的，尚不构成犯罪的，处十日以上十五日以下拘留，可以并处五百元以下罚款；情节较轻的，处警告或者五百元以下罚款。在进行特种作业时，对实施该作业的人员职业要求较高。在本案例中，程某未取得焊工职业资格证书，属于冒险作业的行为。而施工现场负责人李某明知程某无证，仍然指使其作业，构成违法。虽然综合考虑情节尚不构成犯罪，但是可以依据《中华人民共和国消防法》第六十四条规定，对李某进行行政处罚。

法律依据

《中华人民共和国消防法》

第二十一条 禁止在具有火灾、爆炸危险的场所吸烟、使用明火。因施工等特殊情况需要使用明火作业的，应当按照规定事先办理审批手续，采取相应的消防安全措施；作业人员应当遵守消防安全规定。

进行电焊、气焊等具有火灾危险作业的人员和自动消防系统的操作人员，必须持证上岗，并遵守消防安全操作规程。

第六十四条 违反本法规定，有下列行为之一，尚不构成犯罪的，处十日以上十五日以下拘留，可以并处五百元以下罚款；情节较轻的，处警告或者五百元以下罚款：

（一）指使或者强令他人违反消防安全规定，冒险作业的；

（二）过失引起火灾的；

（三）在火灾发生后阻拦报警，或者负有报告职责的人员不及时报警的；

（四）扰乱火灾现场秩序，或者拒不执行火灾现场指挥员指挥，影响灭火救援的；

（五）故意破坏或者伪造火灾现场的；

（六）擅自拆封或者使用被消防救援机构查封的场所、部位的。

消防安全提示

施工人员常常会按照负责人的指挥进行作业，其中包括一些存在安全隐患的情况，因此法律要求施工的负责人员应当保证工作环境的安全，将安全保护措施落实到位，禁止组织或者强迫施工人员冒险作业。施工安全，既涉及施工人员的安全，也涉及公共安全，需要引起我们每个人的重视。

79. 过失引起火灾，尚不构成犯罪的，应如何处理？

情景再现

甲居住在小区居民楼的10楼，其趴在窗边吸烟后随手将烟头扔出窗外，烟头落在7楼邻居晾晒的棉被上。过了一会儿，棉被燃起明火，烧焦的黑色棉絮，带着火星如雨点儿般向下滴落，接连将5楼、6楼邻居晾晒的棉被引燃。所幸7楼住户及时发现，扑灭自家棉被后，又从上方浇水，及时扑灭全部棉被上的火苗，这才阻断了火势蔓延。请问，对于甲的行为该如何处理？

依法解答

根据《中华人民共和国消防法》第六十四条规定，违反本法规定，过失引起火灾，尚不构成犯罪的，处十日以上十五日以下拘留，可以并处五百元以下罚款；情节较轻的，处警告或者五百元以下罚款。甲吸完烟后未熄灭烟头，而是随手将烟头丢到窗外，没有尽到应有的注意义务，属于过失。所幸火灾被及时发现，没有造成严重后果，综合考虑情节尚不构成犯罪但其行为已然引起火灾，依照《中华人民共和国消防法》的规定，应予以警告、罚款或者拘留处理。

法律依据

《中华人民共和国消防法》

第六十四条　违反本法规定，有下列行为之一，尚不构成犯罪的，处十日以上十五日以下拘留，可以并处五百元以下罚款；情节较轻的，处警告或者五百元以下罚款：

（一）指使或者强令他人违反消防安全规定，冒险作业的；

（二）过失引起火灾的；

（三）在火灾发生后阻拦报警，或者负有报告职责的人员不及时报警的；

（四）扰乱火灾现场秩序，或者拒不执行火灾现场指挥员指挥，影响灭火救援的；

（五）故意破坏或者伪造火灾现场的；

（六）擅自拆封或者使用被消防救援机构查封的场所、部位的。

消防安全提示

火灾对公共安全及公民生命财产具有难以估量的破坏性，其既可在短时间内损毁公共建筑、设备及基础设施，导致社会秩序混乱，也会直接危及群众生命财产安全，造成不可逆的人身伤害与财产损失。每个公民都有责任和义务保持高度的警觉性，防患于未然，法律对于火灾事故的处理也有明确的规定，如果由于个人的疏忽或故意行为导致火灾，那么责任人将面临法律追究，需要承担相应的法律后果。

80. 扰乱火灾现场秩序，或者拒不执行火灾现场指挥员指挥，影响灭火救援，尚不构成犯罪的，应如何处理？

情景再现

某小区单元楼发生火灾，消防救援队在接到火警电话后及时赶到现场。甲系该单元楼的居民，得知自己所在的单元楼发生火灾后，闯进救火现场要求消防救援人员先救出收藏在自己家中昂贵的字画，救援人员表示要以救人为重。于是，甲在现场撒泼干扰了火灾现场指挥员的指挥，最后，被交由公安机关处理。请问，对于甲的行为该如何处理？

依法解答

根据《中华人民共和国消防法》第六十四条规定，违反本法规定，扰乱火灾现场秩序，或者拒不执行火灾现场指挥员指挥，影响灭火救援，尚不构成犯罪的，处十日以上十五日以下拘留，可以并处五百元以下罚款；情节较轻的，处警告或者五百元以下罚款。甲在火灾救援过程中闹事，干扰指挥，扰乱现场秩序，应依法严肃处理。

法律依据

《中华人民共和国消防法》

第六十四条 违反本法规定，有下列行为之一，尚不构成犯罪的，处十日以上十五日以下拘留，可以并处五百元以下罚款；情节较轻的，处警告或者五百元以下罚款：

（一）指使或者强令他人违反消防安全规定，冒险作业的；

（二）过失引起火灾的；

（三）在火灾发生后阻拦报警，或者负有报告职责的人员不及时报警的；

（四）扰乱火灾现场秩序，或者拒不执行火灾现场指挥员指挥，影响灭火救援的；

（五）故意破坏或者伪造火灾现场的；

（六）擅自拆封或者使用被消防救援机构查封的场所、部位的。

消防安全提示

火灾救援现场不亚于医院抢救现场,每分每秒都关系他人的人身和财产安全,必须严格遵守法律规定,听从火灾现场指挥员的指令,确保救援工作顺利进行,严禁扰乱火灾现场秩序。

81. 故意破坏或者伪造火灾现场,尚不构成犯罪的,应如何处理?

情景再现

某街道商铺发生了一起火灾,消防人员立即赶赴现场扑救,扑灭了火灾,并拉起警戒线、张贴封条,公告群众不得擅自进入火灾现场。次日上午,该地公安分局消防监督管理大队民警对火灾现场勘查时发现,现场警戒线、封条均已被人为破坏。刘某、曾某、吴某三人在火灾当晚擅自进入警戒区,捡走未完全烧毁的电路设备。破坏了火灾现场。请问,对刘某、曾某、吴某该如何处理?

依法解答

《中华人民共和国消防法》第五十一条规定,消防救援机构有权根据需要封闭火灾现场,负责调查火灾原因,统计火灾损失。火灾扑灭后,发生火灾的单位和相关人员应当按照消防救援机构的要求保护现场,接受事故调查,如实提供与火灾有关的情况。第六十四条规定,故意破坏或者伪造火灾现场的,尚未构成犯罪的,处十日以上十五日以下拘留,可以并处五百元以下罚款;情节较轻的,处警告或者五百元以下罚款。刘某、曾某、吴某三人擅自进入警戒区,干扰调查,破坏火灾现场应当按照法律规定进行处罚。

法律依据

《中华人民共和国消防法》

第五十一条 消防救援机构有权根据需要封闭火灾现场,负责调查火灾原因,统计火灾损失。

火灾扑灭后,发生火灾的单位和相关人员应当按照消防救援机构的要求保护现场,接受事故调查,如实提供与火灾有关的情况。

消防救援机构根据火灾现场勘验、调查情况和有关的检验、鉴定意见,及时制作火灾事故认定书,作为处理火灾事故的证据。

第六十四条 违反本法规定,有下列行为之一,尚不构成犯罪的,处十日以上十五日以下拘留,可以并处五百元以下罚款;情节较轻的,处警告或者五百元以下罚款:

(一)指使或者强令他人违反消防安全规定,冒险作业的;

(二)过失引起火灾的;

(三)在火灾发生后阻拦报警,或者负有报告职责的人员不及时报警的;

(四)扰乱火灾现场秩序,或者拒不执行火灾现场指挥员指挥,影响灭火救援的;

（五）故意破坏或者伪造火灾现场的；

（六）擅自拆封或者使用被消防救援机构查封的场所、部位的。

消防安全提示

火灾现场是火灾事故调查和分析的核心场所，保存了起火原因、火灾蔓延路径、损失情况等关键信息，是有关部门侦查案情、确定责任归属、制定预防措施以及为可能的法律诉讼提供证据的基础。故意破坏或伪造火灾现场的行为，会导致现场证据的丢失或被篡改，增加了有关部门侦查案情的难度。故意破坏或伪造火灾现场的行为，必须受到法律严惩。

82. 擅自拆封或者使用被消防救援机构查封的场所、部位，尚不构成犯罪的，应如何处理？

情景再现

刘某作为负责人的仓库因顶棚不符合防火规范被该地区消防防火监督员采取临时查封措施。查封过程中，防火监督员特地提醒仓库负责人刘某，不得擅自拆封仓库。然而一个小时后，当防火监督员再次路过该仓库时，发现仓库大门上的封条不翼而飞，大门敞开，工人和运输车在仓库搬运物资。请问，对于刘某的行为该如何处理？

依法解答

《中华人民共和国消防法》第二十六条规定："建筑构件、

建筑材料和室内装修、装饰材料的防火性能必须符合国家标准；没有国家标准的，必须符合行业标准。人员密集场所室内装修、装饰，应当按照消防技术标准的要求，使用不燃、难燃材料。"第五十四条规定："消防救援机构在消防监督检查中发现火灾隐患的，应当通知有关单位或者个人立即采取措施消除隐患；不及时消除隐患可能严重威胁公共安全的，消防救援机构应当依照规定对危险部位或者场所采取临时查封措施。"第六十四条规定，违反本法规定，擅自拆封或者使用被消防救援机构查封的场所、部位，尚不构成犯罪的，处十日以上十五日以下拘留，可以并处五百元以下罚款；情节较轻的，处警告或者五百元以下罚款。

刘某仓库的顶棚材料不符合国家标准，存在火灾隐患，防火监督员依法对该仓库进行查封。而刘某在明知违法的情况下，擅自拆除封条并维持该场地的正常活动，危及公共安全，依照《中华人民共和国消防法》的规定应予以处罚。

法律依据

《中华人民共和国消防法》

第二十六条 建筑构件、建筑材料和室内装修、装饰材料的防火性能必须符合国家标准；没有国家标准的，必须符合行业标准。

人员密集场所室内装修、装饰，应当按照消防技术标准的要求，使用不燃、难燃材料。

第五十四条 消防救援机构在消防监督检查中发现火灾隐

患的，应当通知有关单位或者个人立即采取措施消除隐患；不及时消除隐患可能严重威胁公共安全的，消防救援机构应当依照规定对危险部位或者场所采取临时查封措施。

第六十四条 违反本法规定，有下列行为之一，尚不构成犯罪的，处十日以上十五日以下拘留，可以并处五百元以下罚款；情节较轻的，处警告或者五百元以下罚款：

（一）指使或者强令他人违反消防安全规定，冒险作业的；

（二）过失引起火灾的；

（三）在火灾发生后阻拦报警，或者负有报告职责的人员不及时报警的；

（四）扰乱火灾现场秩序，或者拒不执行火灾现场指挥员指挥，影响灭火救援的；

（五）故意破坏或者伪造火灾现场的；

（六）擅自拆封或者使用被消防救援机构查封的场所、部位的。

消防安全提示

消防救援机构之所以会查封某些场所、部位，是因为该场所或部位存在安全隐患。在未排除隐患的情况下擅自拆封，并继续进行活动则有可能造成危险。因此，当场所或部位被查封后，每位公民应根据消防救援机构的指示排除隐患，在此期间不得擅自拆封，否则会依法受到处罚。

83. 人员密集场所使用不合格的消防产品或者国家明令淘汰的消防产品的，应如何处理？

情景再现

某地消防救援机构在对该地一所学校教学楼进行检查时，发现该教学楼内的灭火器均不符合规定标准，于是责令该校在一周内将该批灭火器更换为合格的灭火器。然而，在两周后，当消防救援机构再次检查该校时，发现该校未采取任何行动，原来不合格的灭火器还放在其原位。请问，对于该校的行为该如何处理？

第六章　法律责任

⚖ 依法解答

《中华人民共和国消防法》第六十五条第二款规定："人员密集场所使用不合格的消防产品或者国家明令淘汰的消防产品的，责令限期改正；逾期不改正的，处五千元以上五万元以下罚款，并对其直接负责的主管人员和其他直接责任人员处五百元以上二千元以下罚款；情节严重的，责令停产停业。"学校教学楼属于人员密集的场所，该校在被责令改正的情况下拒不更改，依据此法条，应对该校以及直接负责的主管人员和其他直接责任人员进行行政处罚。

✅ 法律依据

《中华人民共和国消防法》

第六十五条　违反本法规定，生产、销售不合格的消防产品或者国家明令淘汰的消防产品的，由产品质量监督部门或者工商行政管理部门依照《中华人民共和国产品质量法》的规定从重处罚。

人员密集场所使用不合格的消防产品或者国家明令淘汰的消防产品的，责令限期改正；逾期不改正的，处五千元以上五万元以下罚款，并对其直接负责的主管人员和其他直接责任人员处五百元以上二千元以下罚款；情节严重的，责令停产停业。

消防救援机构对于本条第二款规定的情形，除依法对使用者予以处罚外，应当将发现不合格的消防产品和国家明令淘汰的消防产品的情况通报产品质量监督部门、工商行政管理部门。

产品质量监督部门、工商行政管理部门应当对生产者、销售者依法及时查处。

消防安全提示

不合格的消防产品或者国家明令淘汰的消防产品很有可能发挥不出标准消防产品的功能，或者对人体造成损害。在人员密集的场所使用，会给公众带来潜在的危险。因此，密集场所的负责人、管理人员在选购消防产品时应注意其质量，在发现存在质量问题时，及时更换，防患于未然。

84. 电器产品、燃气用具的安装、使用及其线路、管路的设计、敷设、维护保养、检测不符合消防技术标准和管理规定，且逾期仍不改正的，应该如何处理？

情景再现

某地消防救援机构在对该地的一家餐厅进行检查时，发现该餐厅厨房的灶台、燃气设备已经使用很久，于是对该餐厅的老板张某说："该灶台以及燃气设备需要及时更换，不然容易发生事故。"张某点头，并表示马上就会更换。然而，在给定的期限届满后，该餐厅仍然没有更换或者修理设备。不久，该餐厅的厨房就发生了爆炸事故，给其带来不小的损失。请问，对于该餐厅老板的行为该如何处理？

依法解答

《中华人民共和国消防法》第六十六条规定："电器产品、

燃气用具的安装、使用及其线路、管路的设计、敷设、维护保养、检测不符合消防技术标准和管理规定的,责令限期改正;逾期不改正的,责令停止使用,可以并处一千元以上五千元以下罚款。"上述案例中的餐厅的燃气用具缺乏维护保养,经检测不符合消防技术标准,存在安全隐患。餐厅老板张某在被责令改正的情况下,仍然不加以重视,在期限届满时仍没改正。应当按照该法条责令其餐厅停止营业,并处以罚款。

法律依据

《中华人民共和国消防法》

第六十六条 电器产品、燃气用具的安装、使用及其线路、管路的设计、敷设、维护保养、检测不符合消防技术标准和管理规定的,责令限期改正;逾期不改正的,责令停止使用,可以并处一千元以上五千元以下罚款。

消防安全提示

电器产品、燃气用具的质量、安装及其维修保护与人们的消防安全息息相关,有不少的火灾是由此类设备的故障引起的,因此,该类设备应当严格按照消防技术标准和管理规定安装和使用。

85. 人员密集场所发生火灾，该场所的现场工作人员不履行组织、引导在场人员疏散的义务，情节严重，尚不构成犯罪的，应如何处理？

情景再现

甲是某商场的安保人员，主要负责该商场的秩序维持和安全保障。某日，员工乙在仓库抽完烟后，没有熄灭就随手丢掉，导致仓库被点燃。甲路过见到火势迅猛，急忙逃离了现场而没有通知任何人。最后火势被赶来的消防人员控制住，但是由于没有人引导疏散，有多名顾客在逃离现场时因发生踩踏事故而受伤。请问，甲的行为该如何处理？

依法解答

《中华人民共和国消防法》第六十八条规定："人员密集场所发生火灾，该场所的现场工作人员不履行组织、引导在场人员疏散的义务，情节严重，尚不构成犯罪的，处五日以上十日以下拘留。"甲作为商场的安保人员有组织、引导在场人员疏散的义务，而甲却选择了独自离开，导致现场发生了踩踏事故，故对甲可处以五日以上十日以下拘留。

法律依据

《中华人民共和国消防法》

第六十八条 人员密集场所发生火灾，该场所的现场工作人员不履行组织、引导在场人员疏散的义务，情节严重，尚不构成犯罪的,处五日以上十日以下拘留。

📇消防安全提示

在密集场所发生火灾十分容易引起慌乱,工作人员对该场所的结构要比其他人更熟悉,此时现场工作人员组织、引导疏散的作用重大。故在发生火灾时,工作人员应积极组织疏散,然后再撤离现场。这不仅能够最大限度地减少人员伤亡,也是工作人员履行职责、保障公共安全的重要体现。

86. 消防设施维护保养检测、消防安全评估等消防技术服务机构,不具备从业条件从事消防技术服务活动或者出具虚假文件的,应如何处理?

🎬情景再现

甲公司在当地从事消防安全评估活动,负责签订评估合同,成立项目评估组,实施消防安全评估,反馈评估情况,提交评估报告,等等。某日,该地的消防救援总队对从事消防技术服务活动的机构进行了监督检查,发现甲公司的消防安全评估设备不符合要求,工作场所的建筑面积也小于规定标准,然而甲公司已经在这样的条件下从事该活动多年。请问,对于甲公司该如何处理?

⚖依法解答

《社会消防技术服务管理规定》第六条规定:"从事消防安

全评估的消防技术服务机构,应当具备下列条件:……(二)工作场所建筑面积不少于100平方米;(三)消防技术服务基础设备和消防安全评估设备配备符合有关规定要求……"《中华人民共和国消防法》第六十九条第一款规定:"消防设施维护保养检测、消防安全评估等消防技术服务机构,不具备从业条件从事消防技术服务活动或者出具虚假文件的,由消防救援机构责令改正,处五万元以上十万元以下罚款,并对直接负责的主管人员和其他直接责任人员处一万元以上五万元以下罚款;不按照国家标准、行业标准开展消防技术服务活动的,责令改正,处五万元以下罚款,并对直接负责的主管人员和其他直接责任人员处一万元以下罚款;有违法所得的,并处没收违法所得;给他人造成损失的,依法承担赔偿责任;情节严重的,依法责令停止执业或者吊销相应资格;造成重大损失的,由相关部门吊销营业执照,并对有关责任人员采取终身市场禁入措施。"甲公司的安全评估设备和工作场所的建筑面积都不符合要求,故而不具有从业条件,应当责令其扩大工作场所的建筑面积,改进安全评估设备,并处以罚款。

法律依据

《中华人民共和国消防法》

第六十九条 消防设施维护保养检测、消防安全评估等消防技术服务机构,不具备从业条件从事消防技术服务活动或者出具虚假文件的,由消防救援机构责令改正,处五万元以上十万元以下罚款,并对直接负责的主管人员和其他直接责任人员处一万元以上五万元以下罚款；不按照国家标准、行业标准开展消防技术服务活动的，责令改正，处五万元以下罚款，并对直接负责的主管人员和其他直接责任人员处一万元以下罚款；有违法所得的，并处没收违法所得；给他人造成损失的，依法承担赔偿责任；情节严重的，依法责令停止执业或者吊销相应资格；造成重大损失的，由相关部门吊销营业执照，并对有关责任人员采取终身市场禁入措施。

前款规定的机构出具失实文件，给他人造成损失的，依法承担赔偿责任；造成重大损失的，由消防救援机构依法责令停止执业或者吊销相应资格，由相关部门吊销营业执照，并对有关责任人员采取终身市场禁入措施。

《社会消防技术服务管理规定》

第六条 从事消防安全评估的消防技术服务机构，应当具备下列条件：

（一）取得企业法人资格；

（二）工作场所建筑面积不少于100平方米；

（三）消防技术服务基础设备和消防安全评估设备配备符合有关规定要求；

（四）注册消防工程师不少于2人，其中一级注册消防工程师不少于1人；

（五）健全的消防安全评估过程控制体系。

消防安全提示

消防设施维护保养检测、消防安全评估等消防技术服务活动对于消防安全，尤其是火灾的预防具有重要作用，如果消防技术服务机构存在一些技术上或者设备上的问题，那么很有可能给消防安全带来影响，因此，对此类机构的从业条件等要严格审查，保证其能安全运行。

87. 对不符合消防安全要求的消防设计文件、建设工程、场所准予审查合格、消防验收合格、消防安全检查合格，尚不构成犯罪的，应如何处理？

情景再现

某市的一座建筑物位于市中心一片繁忙商业区，由一家大型房地产开发公司负责建设。根据相关规定，该建筑物应满足一系列消防安全要求，包括消防通道的宽度、消防设备的配置以及消防排烟系统等。然而，在审查过程中，工作人员甲没有仔细审核设计文件，就批准了该建筑物的消防设计。一段时间后，该建筑物建成并开始运营。由于消防设计存在缺陷，消防通道狭窄且堆满杂物，疏散困难；同时，消防设备配置不完善，无法有效灭火和控制火势。这一情况严重威胁了建筑物内人员的生命安全，并引起了社会的广泛关注。经过调查，相关部门发现了消防救援机构工作人员甲玩忽职守的行为。请问，对于甲的行为该如何处理？

依法解答

《中华人民共和国消防法》第七十一条规定："住房和城乡

建设主管部门、消防救援机构的工作人员滥用职权、玩忽职守、徇私舞弊，有下列行为之一，尚不构成犯罪的，依法给予处分：（一）对不符合消防安全要求的消防设计文件、建设工程、场所准予审查合格、消防验收合格、消防安全检查合格的……"消防救援机构工作人员甲在审查消防设计文件时玩忽职守，对不符合消防安全要求的建筑物准予审查合格，如尚未构成犯罪，依法应当给予处分。

法律依据

《中华人民共和国消防法》

第七十一条　住房和城乡建设主管部门、消防救援机构的工作人员滥用职权、玩忽职守、徇私舞弊，有下列行为之一，尚不构成犯罪的，依法给予处分：

（一）对不符合消防安全要求的消防设计文件、建设工程、场所准予审查合格、消防验收合格、消防安全检查合格的；

（二）无故拖延消防设计审查、消防验收、消防安全检查，不在法定期限内履行职责的；

（三）发现火灾隐患不及时通知有关单位或者个人整改的；

（四）利用职务为用户、建设单位指定或者变相指定消防产品的品牌、销售单位或者消防技术服务机构、消防设施施工单位的；

（五）将消防车、消防艇以及消防器材、装备和设施用于与消防和应急救援无关的事项的；

（六）其他滥用职权、玩忽职守、徇私舞弊的行为。

产品质量监督、工商行政管理等其他有关行政主管部门的工作人员在消防工作中滥用职权、玩忽职守、徇私舞弊，尚不构成犯罪的，依法给予处分。

消防安全提示

消防设计审查、验收及安全检查必须严格依据国家技术标准。工作人员玩忽职守，将不符合标准的项目通过审查，会埋下火灾隐患，威胁公共安全。同时会破坏监管公信力，扰乱社会秩序。因此公职人员须严格依法履职、提升专业审查能力，保障人民群众的生命财产安全。同时，对于此建筑物，相关部门应及时进行整改，强制实施符合消防安全要求的改建工程，以确保公众的生命安全。

88. 无故拖延消防设计审查、消防验收、消防安全检查，不在法定期限内履行职责的，应如何处理？

情景再现

某市消防救援机构的工作人员李某在对一家企业进行消防安全检查时，发现该企业的消防设施存在严重问题。然而，李某并未按照规定及时向有关部门报告并督促整改，而是选择私下与企业负责人沟通并索要"好处费"。最终，该企业虽得以通过消防验收，但安全隐患一直未能得到解决。请问，对于李某的行为该如何处理？

依法解答

依据《中华人民共和国消防法》第七十一条"住房和城乡建设主管部门、消防救援机构的工作人员滥用职权、玩忽职守、徇私舞弊,有下列行为之一,尚不构成犯罪的,依法给予处分……(二)无故拖延消防设计审查、消防验收、消防安全检查,不在法定期限内履行职责的……"的规定,消防救援机构工作人员李某徇私舞弊、无故拖延消防安全检查,将面临处分。情节严重的,可能涉嫌犯罪并被追究刑事责任。

法律依据

《中华人民共和国消防法》

第七十一条　住房和城乡建设主管部门、消防救援机构的工作人员滥用职权、玩忽职守、徇私舞弊,有下列行为之一,尚不构成犯罪的,依法给予处分:

(一)对不符合消防安全要求的消防设计文件、建设工程、场所准予审查合格、消防验收合格、消防安全检查合格的;

(二)无故拖延消防设计审查、消防验收、消防安全检查,不在法定期限内履行职责的;

(三)发现火灾隐患不及时通知有关单位或者个人整改的;

(四)利用职务为用户、建设单位指定或者变相指定消防产品的品牌、销售单位或者消防技术服务机构、消防设施施工单位的;

(五)将消防车、消防艇以及消防器材、装备和设施用于与

消防和应急救援无关的事项的；

（六）其他滥用职权、玩忽职守、徇私舞弊的行为。

产品质量监督、工商行政管理等其他有关行政主管部门的工作人员在消防工作中滥用职权、玩忽职守、徇私舞弊，尚不构成犯罪的，依法给予处分。

消防安全提示

根据《中华人民共和国消防法》规定，消防救援机构的工作人员应当依法履行自己的职责，不得徇私舞弊、无故拖延。如果遇到上述行为，可以向相关部门举报或提起行政诉讼，要求追究工作人员的法律责任。同时，也可以通过法律途径维护自己的合法权益和保障消防安全。

89. 发现火灾隐患不及时通知有关单位或者个人整改，尚不构成犯罪的，应如何处理？

情景再现

某市住房和城乡建设主管部门的工作人员小明，负责管理该市的建筑工程。一日，他接到一个举报电话称一栋高层住宅楼存在严重的火灾隐患。然而，小明并没有立即采取行动，而是选择将此事搁置。几日后，这栋住宅楼发生了大火，幸亏消防救援及时，未造成严重的人员伤亡和财产损失。请问，对于小明的行为该如何处理？

第六章 法律责任

⚖️ 依法解答

依据《中华人民共和国消防法》第七十一条"住房和城乡建设主管部门、消防救援机构的工作人员滥用职权、玩忽职守、徇私舞弊,有下列行为之一,尚不构成犯罪的,依法给予处分……(三)发现火灾隐患不及时通知有关单位或者个人整改的……"的规定,身为住房和城乡建设主管部门工作人员的小明玩忽职守,未履行自己的职责,发现火灾隐患不及时通知有关单位,即使被认定尚不构成犯罪,也应当依法给予处分。

📋 法律依据

《中华人民共和国消防法》

第七十一条 住房和城乡建设主管部门、消防救援机构的工作人员滥用职权、玩忽职守、徇私舞弊,有下列行为之一,尚不构成犯罪的,依法给予处分:

(一) 对不符合消防安全要求的消防设计文件、建设工程、场所准予审查合格、消防验收合格、消防安全检查合格的;

(二) 无故拖延消防设计审查、消防验收、消防安全检查,不在法定期限内履行职责的;

(三) 发现火灾隐患不及时通知有关单位或者个人整改的;

(四) 利用职务为用户、建设单位指定或者变相指定消防产品的品牌、销售单位或者消防技术服务机构、消防设施施工单位的;

(五) 将消防车、消防艇以及消防器材、装备和设施用于与

消防和应急救援无关的事项的;

（六）其他滥用职权、玩忽职守、徇私舞弊的行为。

产品质量监督、工商行政管理等其他有关行政主管部门的工作人员在消防工作中滥用职权、玩忽职守、徇私舞弊，尚不构成犯罪的，依法给予处分。

消防安全提示

住房和城乡建设主管部门工作人员或者消防救援机构的工作人员发现火灾隐患后，应该立即向相关单位发出警报，还可以帮助相关单位采取必要的措施进行预防和控制火灾的发生。这样不仅可以确保相关单位能够迅速响应，采取行动以防止火势蔓延，而且有助于减少火灾可能造成的损失，保障人员安全和财产完整。

90. 利用职务为用户、建设单位指定或者变相指定消防产品的品牌、销售单位或者消防技术服务机构、消防设施施工单位的，应如何处理？

情景再现

某市消防救援局工作人员甲滥用职权，在负责某建筑工程项目时，擅自决定使用某特定品牌的产品。该品牌产品不仅价格较高，且质量较差，不符合国家标准和安全要求。甲的行为导致该工程的火灾隐患未能被及时发现和处理，给人民群众的生命财产安全带来了严重威胁。请问，对于甲的行为该如何处理？

第六章　法律责任

⚖ 依法解答

根据《中华人民共和国消防法》第七十一条"住房和城乡建设主管部门、消防救援机构的工作人员滥用职权、玩忽职守、徇私舞弊，有下列行为之一，尚不构成犯罪的，依法给予处分……（四）利用职务为用户、建设单位指定或者变相指定消防产品的品牌、销售单位或者消防技术服务机构、消防设施施工单位的……"的规定，相关部门应对甲进行严肃处理，并对其进行处分，构成犯罪的，还应追究其刑事责任。

📖 法律依据

《中华人民共和国消防法》

第七十一条　住房和城乡建设主管部门、消防救援机构的工作人员滥用职权、玩忽职守、徇私舞弊，有下列行为之一，尚不构成犯罪的，依法给予处分：

（一）对不符合消防安全要求的消防设计文件、建设工程、场所准予审查合格、消防验收合格、消防安全检查合格的；

（二）无故拖延消防设计审查、消防验收、消防安全检查，不在法定期限内履行职责的；

（三）发现火灾隐患不及时通知有关单位或者个人整改的；

（四）利用职务为用户、建设单位指定或者变相指定消防产品的品牌、销售单位或者消防技术服务机构、消防设施施工单位的；

（五）将消防车、消防艇以及消防器材、装备和设施用于与

消防和应急救援无关的事项的；

（六）其他滥用职权、玩忽职守、徇私舞弊的行为。

产品质量监督、工商行政管理等其他有关行政主管部门的工作人员在消防工作中滥用职权、玩忽职守、徇私舞弊，尚不构成犯罪的，依法给予处分。

消防安全提示

住房和城乡建设主管部门、消防救援机构的工作人员应严格遵守法律法规，确保消防产品和服务的选择公开、公平、公正，避免利用职务之便指定或变相指定相关品牌或机构。工作人员需以法律为纲、以公益为本，通过制度规范、监督制衡、教育引导等多措并举，杜绝指定消防品牌或服务机构的行为，维护市场公平竞争，保障消防工程质量，切实守护公共安全。

91. 将消防车、消防艇以及消防器材、装备和设施用于与消防和应急救援无关的事项，尚不构成犯罪的，应如何处理？

情景再现

某消防救援机构工作人员王某，利用职务之便，私自将消防车用于个人私事。一天晚上，王某接到朋友的电话，称其家中停电无法照明，需要帮助。王某不顾工作职责，擅自驾驶消防车前往朋友家进行维修工作。消防车的使用影响了其他紧急救援任务的执行效率。请问，对于王某的行为该如何处理？

第六章 法律责任

⚖ 依法解答

根据《中华人民共和国消防法》第七十一条"住房和城乡建设主管部门、消防救援机构的工作人员滥用职权、玩忽职守、徇私舞弊,有下列行为之一,尚不构成犯罪的,依法给予处分……(五)将消防车、消防艇以及消防器材、装备和设施用于与消防和应急救援无关的事项的……"的规定,王某非出于消防救援工作需要而使用消防车,占用消防资源,最终影响了救援的效率,应对王某依法予以处分。

📖 法律依据

《中华人民共和国消防法》

第七十一条 住房和城乡建设主管部门、消防救援机构的工作人员滥用职权、玩忽职守、徇私舞弊,有下列行为之一,尚不构成犯罪的,依法给予处分:

(一)对不符合消防安全要求的消防设计文件、建设工程、场所准予审查合格、消防验收合格、消防安全检查合格的;

(二)无故拖延消防设计审查、消防验收、消防安全检查,不在法定期限内履行职责的;

(三)发现火灾隐患不及时通知有关单位或者个人整改的;

(四)利用职务为用户、建设单位指定或者变相指定消防产品的品牌、销售单位或者消防技术服务机构、消防设施施工单位的;

(五)将消防车、消防艇以及消防器材、装备和设施用于与

消防和应急救援无关的事项的；

（六）其他滥用职权、玩忽职守、徇私舞弊的行为。

产品质量监督、工商行政管理等其他有关行政主管部门的工作人员在消防工作中滥用职权、玩忽职守、徇私舞弊，尚不构成犯罪的，依法给予处分。

消防安全提示

住房和城乡建设主管部门以及消防救援人员不应将消防资源用于与消防和应急救援无关的事项，这不仅会浪费宝贵的资源，还会危及公众的安全，应确保自己的行为符合相关法律法规的规定，并始终以保护人民生命财产安全为首要任务。

第七章
消防用语

92. 消防设施都有哪些？

情景再现

一小区内的居民甲故意打坏了楼道内的应急照明灯，其他居民劝阻他不要破坏消防设施，但甲认为他只是打坏照明灯，不涉及破坏消防设施。请问，对于甲的行为该如何处理？消防设施都有哪些？

依法解答

根据《中华人民共和国消防法》第七十三条规定，消防设施，是指火灾自动报警系统、自动灭火系统、消火栓系统、防烟排烟系统以及应急广播和应急照明、安全疏散设施等。根据《中华人民共和国消防法》第六十条规定，个人有损坏、挪用或者擅自拆除、停用消防设施、器材行为的，处警告或者五百元以下罚款。甲不听他人劝阻打坏居民楼内的应急照明灯的行为构成损坏消防设施，应由相关部门对其处警告或五百元以下罚款。

法律依据

《中华人民共和国消防法》

第六十条 单位违反本法规定，有下列行为之一的，责令改正，处五千元以上五万元以下罚款：

（一）消防设施、器材或者消防安全标志的配置、设置不符合国家标准、行业标准，或者未保持完好有效的；

（二）损坏、挪用或者擅自拆除、停用消防设施、器材的；

（三）占用、堵塞、封闭疏散通道、安全出口或者有其他妨碍安全疏散行为的；

（四）埋压、圈占、遮挡消火栓或者占用防火间距的；

（五）占用、堵塞、封闭消防车通道，妨碍消防车通行的；

（六）人员密集场所在门窗上设置影响逃生和灭火救援的障碍物的；

（七）对火灾隐患经消防救援机构通知后不及时采取措施消除的。

个人有前款第二项、第三项、第四项、第五项行为之一的，处警告或者五百元以下罚款。

有本条第一款第三项、第四项、第五项、第六项行为，经责令改正拒不改正的，强制执行，所需费用由违法行为人承担。

第七十三条 本法下列用语的含义：

（一）消防设施，是指火灾自动报警系统、自动灭火系统、消火栓系统、防烟排烟系统以及应急广播和应急照明、安全疏散设施等。

（二）消防产品，是指专门用于火灾预防、灭火救援和火灾防护、避难、逃生的产品。

（三）公众聚集场所，是指宾馆、饭店、商场、集贸市场、客运车站候车室、客运码头候船厅、民用机场航站楼、体育场馆、会堂以及公共娱乐场所等。

（四）人员密集场所，是指公众聚集场所、医院的门诊楼、病房楼、学校的教学楼、图书馆、食堂和集体宿舍、养老院、福利院、托儿所、幼儿园、公共图书馆的阅览室、公共展览馆、博物馆的展示厅、劳动密集型企业的生产加工车间和员工集体宿舍、旅游、宗教活动场所等。

消防安全提示

消防设施能够保障建筑安全和人员安全，在火灾预防、报警、扑救以及人员疏散中发挥着至关重要的作用。通常包括火灾自动报警系统、自动灭火系统、消火栓系统、防烟排烟系统以及应急广播和应急照明、安全疏散设施等。单位和个人有责任保护这些消防设施的完好无损，不得破坏或擅自改动，以确保在紧急情况下它们能够正常发挥作用。

93. 消防产品都有哪些？

情景再现

一门窗生产厂新推出一款"防火门"，在进行产品介绍时称其具备防火作用，但经相关部门检查发现，该工厂并无相关资质，所生产的门窗均未达到防火门的标准。厂长认为其工厂生产的门窗并非专门的消防产品，无须达到相关标准。请问该厂长的看法是否正确？消防产品包括哪些？

依法解答

根据《中华人民共和国消防法》第二十四条规定，消防产品必须符合国家标准；没有国家标准的，必须符合行业标准。禁止生产、销售或者使用不合格的消防产品以及国家明令淘汰的消防产品。根据第七十三条规定，消防产品，是指专门用于火灾预防、灭火救援和火灾防护、避难、逃生的产品。防火门属于《中华人民共和国消防法》规定的消防产品，该厂家生产的"防火门"应符合消防产品的国家标准。

法律依据

《中华人民共和国消防法》

第二十四条 消防产品必须符合国家标准；没有国家标准的，必须符合行业标准。禁止生产、销售或者使用不合格的消防产品以及国家明令淘汰的消防产品。

依法实行强制性产品认证的消防产品，由具有法定资质的认证机构按照国家标准、行业标准的强制性要求认证合格后，方可生产、销售、使用。实行强制性产品认证的消防产品目录，由国务院产品质量监督部门会同国务院应急管理部门制定并公布。

新研制的尚未制定国家标准、行业标准的消防产品，应当按照国务院产品质量监督部门会同国务院应急管理部门规定的办法，经技术鉴定符合消防安全要求的，方可生产、销售、使用。

依照本条规定经强制性产品认证合格或者技术鉴定合格的

消防产品，国务院应急管理部门应当予以公布。

第七十三条 本法下列用语的含义：

（一）消防设施，是指火灾自动报警系统、自动灭火系统、消火栓系统、防烟排烟系统以及应急广播和应急照明、安全疏散设施等。

（二）消防产品，是指专门用于火灾预防、灭火救援和火灾防护、避难、逃生的产品。

（三）公众聚集场所，是指宾馆、饭店、商场、集贸市场、客运车站候车室、客运码头候船厅、民用机场航站楼、体育场馆、会堂以及公共娱乐场所等。

（四）人员密集场所，是指公众聚集场所，医院的门诊楼、病房楼，学校的教学楼、图书馆、食堂和集体宿舍，养老院、福利院，托儿所、幼儿园，公共图书馆的阅览室、公共展览馆、博物馆的展示厅，劳动密集型企业的生产加工车间和员工集体宿舍，旅游、宗教活动场所等。

消防安全提示

消防产品通常包括消防车、消防水带、火灾报警设备、喷水灭火设备、消防泵、灭火器、灭火剂、消火栓、消防枪炮、防火门等。

94. 公众聚集场所都有哪些？

情景再现

某地新建一宾馆，建成后并未经过当地消防救援机构许可就投入营业，当地住房和城乡建设主管部门、消防救援机构发现后责令该宾馆停止使用，并处罚款。但经理未了解《中华人民共和国消防法》对公众聚集场所的定义。请问，公共聚集场所都有哪些？

依法解答

根据《中华人民共和国消防法》第五十八条规定，公众聚集场所未经消防救援机构许可，擅自投入使用、营业的，或者经核查发现场所使用、营业情况与承诺内容不符的，由住房和城乡建设主管部门、消防救援机构按照各自职权责令停止施工、停止使用或者停产停业，并处三万元以上三十万元以下罚款。根据《中华人民共和国消防法》第七十三条规定，公众聚集场所，是指宾馆、饭店、商场、集贸市场、客运车站候车室、客运码头候船厅、民用机场航站楼、体育场馆、会堂以及公共娱乐场所等。宾馆属于《中华人民共和国消防法》规定的公众聚集场所，投入使用前应当经过当地消防救援机构许可。

法律依据

《中华人民共和国消防法》

第五十八条 违反本法规定，有下列行为之一的，由住房和城乡建设主管部门、消防救援机构按照各自职权责令停止施工、停止使用或者停产停业，并处三万元以上三十万元以下罚款：

（一）依法应当进行消防设计审查的建设工程，未经依法审

第七章 消防用语

查或者审查不合格，擅自施工的；

（二）依法应当进行消防验收的建设工程，未经消防验收或者消防验收不合格，擅自投入使用的；

（三）本法第十三条规定的其他建设工程验收后经依法抽查不合格，不停止使用的；

（四）公众聚集场所未经消防救援机构许可，擅自投入使用、营业的，或者经核查发现场所使用、营业情况与承诺内容不符的。

核查发现公众聚集场所使用、营业情况与承诺内容不符，经责令限期改正，逾期不整改或者整改后仍达不到要求的，依法撤销相应许可。

建设单位未依照本法规定在验收后报住房和城乡建设主管部门备案的，由住房和城乡建设主管部门责令改正，处五千元以下罚款。

第七十三条 本法下列用语的含义：

（一）消防设施，是指火灾自动报警系统、自动灭火系统、消火栓系统、防烟排烟系统以及应急广播和应急照明、安全疏散设施等。

（二）消防产品，是指专门用于火灾预防、灭火救援和火灾防护、避难、逃生的产品。

（三）公众聚集场所，是指宾馆、饭店、商场、集贸市场、客运车站候车室、客运码头候船厅、民用机场航站楼、体育场馆、会堂以及公共娱乐场所等。

（四）人员密集场所，是指公众聚集场所，医院的门诊楼、病房楼，学校的教学楼、图书馆、食堂和集体宿舍，养老院，福利院，托儿所，幼儿园，公共图书馆的阅览室，公共展览馆、博物馆的展示厅，劳动密集型企业的生产加工车间和员工集体宿舍，旅游、宗教活动场所等。

消防安全提示

公众聚集场所通常包括宾馆、饭店、商场、集贸市场、客运车站候车室、客运码头候船厅、民用机场航站楼、体育场馆、会堂以及公共娱乐场所等。

95. 人员密集场所都有哪些？

第七章　消防用语

情景再现

某地一服装纺织厂的车间由于电路问题发生火灾，车间主任发现后并未组织员工疏散撤离，而是独自逃生。幸好消防部门及时赶到，疏散车间内的被困员工，扑灭大火，无人员伤亡。事后，车间主任称其认为着火应第一时间逃生，无须疏散其他员工。请问，车间主任的看法是否正确，人员密集场所都有哪些？

依法解答

根据《中华人民共和国消防法》第七十三条规定，人员密集场所，是指公众聚集场所，医院的门诊楼、病房楼，学校的教学楼、图书馆、食堂和集体宿舍，养老院，福利院，托儿所，幼儿园，公共图书馆的阅览室，公共展览馆、博物馆的展示厅，劳动密集型企业的生产加工车间和员工集体宿舍，旅游、宗教活动场所等。根据第六十八条规定，人员密集场所发生火灾，该场所的现场工作人员不履行组织、引导在场人员疏散的义务，情节严重，尚不构成犯罪的，处五日以上十日以下拘留。服装纺织车间属于人员密集场所，发生火灾时，车间主任作为现场工作人员应组织、引导在场人员疏散。

法律依据

《中华人民共和国消防法》

第六十八条　人员密集场所发生火灾，该场所的现场工作人员不履行组织、引导在场人员疏散的义务,情节严重,尚不构成犯罪的,处五日以上十日以下拘留。

第七十三条 本法下列用语的含义:

(一)消防设施,是指火灾自动报警系统、自动灭火系统、消火栓系统、防烟排烟系统以及应急广播和应急照明、安全疏散设施等。

(二)消防产品,是指专门用于火灾预防、灭火救援和火灾防护、避难、逃生的产品。

(三)公众聚集场所,是指宾馆、饭店、商场、集贸市场、客运车站候车室、客运码头候船厅、民用机场航站楼、体育场馆、会堂以及公共娱乐场所等。

(四)人员密集场所,是指公众聚集场所,医院的门诊楼、病房楼,学校的教学楼、图书馆、食堂和集体宿舍,养老院、福利院,托儿所、幼儿园,公共图书馆的阅览室,公共展览馆、博物馆的展示厅,劳动密集型企业的生产加工车间和员工集体宿舍,旅游、宗教活动场所等。

消防安全提示

人员密集场所通常包括医院的门诊楼、病房楼,学校的教学楼、图书馆、食堂和集体宿舍,养老院,福利院,托儿所,幼儿园,公共图书馆的阅览室,公共展览馆、博物馆的展示厅,劳动密集型企业的生产加工车间和员工集体宿舍,旅游、宗教活动场所等。

图书在版编目（CIP）数据

全民消防法律知识问答：以案普法版 / 薛长礼等著.
北京：中国法治出版社，2025.5. -- ISBN 978-7-5216-5257-4

Ⅰ. D922.145

中国国家版本馆 CIP 数据核字第 2025316FM0 号

责任编辑：李小草　　　　　　　　　　　　封面设计：李宁

全民消防法律知识问答：以案普法版
QUANMIN XIAOFANG FALÜ ZHISHI WENDA：YI AN PUFABAN

著者/薛长礼等
经销/新华书店
印刷/三河市紫恒印装有限公司
开本/880 毫米×1230 毫米　32 开　　　印张 / 7.625　字数 / 118 千
版次/2025 年 5 月第 1 版　　　　　　　2025 年 5 月第 1 次印刷

中国法治出版社出版
书号 ISBN 978-7-5216-5257-4　　　　　　　　　　　定价：29.00 元

北京市西城区西便门西里甲 16 号西便门办公区
邮政编码：100053　　　　　　　　　　传真：010-63141600
网址：http：//www.zgfzs.com　　　　　编辑部电话：010-63141784
市场营销部电话：010-63141612　　　　印务部电话：010-63141606

（如有印装质量问题，请与本社印务部联系。）